卞尺丹几乙し丹卞と
Translated Language Learning

The Communist Manifesto

Komunistični Manifest

Karl Marx & Friedrich Engels

English / Slovenščina

Copyright © 2024 Tranzlaty
All rights reserved.
Published by Tranzlaty
ISBN: 978-1-83566-574-9
Original text by Karl Marx and Friedrich Engels
The Communist Manifesto
First published in 1848
www.tranzlaty.com

Introduction
Uvod

A spectre is haunting Europe — the spectre of Communism
Evropo preganja duh – duh komunizma

All the Powers of old Europe have entered into a holy alliance to exorcise this spectre
Vse sile stare Evrope so sklenile sveto zavezništvo, da bi izgnale ta duh

Pope and Czar, Metternich and Guizot, French Radicals and German police-spies
Papež in car, Metternich in Guizot, francoski radikalci in nemški policijski vohuni

Where is the party in opposition that has not been decried as Communistic by its opponents in power?
Kje je stranka v opoziciji, ki je nasprotniki na oblasti niso obsodili kot komunistično

Where is the Opposition that has not hurled back the branding reproach of Communism, against the more advanced opposition parties?
Kje je opozicija, ki ni vrgla nazaj očitka komunizma proti naprednejšim opozicijskim strankam?

And where is the party that has not made the accusation against its reactionary adversaries?
In kje je stranka, ki ni obtožila svojih reakcionarnih nasprotnikov?

Two things result from this fact
Iz tega dejstva izhajata dve stvari

I. Communism is already acknowledged by all European Powers to be itself a Power
I. Vse evropske sile že priznavajo, da je komunizem sila

II. It is high time that Communists should openly, in the face of the whole world, publish their views, aims and tendencies
II. Skrajni čas je, da komunisti odkrito in pred vsem svetom objavijo svoja stališča, cilje in težnje

they must meet this nursery tale of the Spectre of Communism with a Manifesto of the party itself
s to otroško zgodbo o duhu komunizma se morajo soočiti z manifestom same stranke

To this end, Communists of various nationalities have assembled in London and sketched the following Manifesto

V ta namen so se v Londonu zbrali komunisti različnih narodnosti in skicirali naslednji manifest
this manifesto is to be published in the English, French, German, Italian, Flemish and Danish languages
ta manifest bo objavljen v angleškem, francoskem, nemškem, italijanskem, flamskem in danskem jeziku
And now it is to be published in all the languages that Tranzlaty offers
In zdaj bo objavljen v vseh jezikih, ki jih ponuja Tranzlaty

Bourgeois and the Proletarians
Buržoazija in proletarci

The history of all hitherto existing societies is the history of class struggles
Zgodovina vseh doslej obstoječih družb je zgodovina razrednih bojev

Freeman and slave, patrician and plebeian, lord and serf, guild-master and journeyman
Svobodnjak in suženj, patricij in plebejec, gospodar in tlačan, cehovski gospodar in popotnik

in a word, oppressor and oppressed
z eno besedo, zatiralec in zatirani

these social classes stood in constant opposition to one another
ti družbeni razredi so si nenehno nasprotovali

they carried on an uninterrupted fight. Now hidden, now open
nadaljevali so neprekinjen boj. Zdaj skrito, zdaj odprto

a fight that either ended in a revolutionary re-constitution of society at large
boj, ki se je končal z revolucionarno obnovo družbe na splošno

or a fight that ended in the common ruin of the contending classes
ali boj, ki se je končal s skupnim propadom nasprotujočih si razredov

let us look back to the earlier epochs of history
Oglejmo se nazaj v zgodnejša obdobja zgodovine

we find almost everywhere a complicated arrangement of society into various orders
skoraj povsod najdemo zapleteno ureditev družbe v različne rede

there has always been a manifold gradation of social rank
vedno je obstajala mnogovrstna stopnjevanje družbenega položaja

In ancient Rome we have patricians, knights, plebeians, slaves
V starem Rimu imamo patricije, viteze, plebejce, sužnje

in the Middle Ages: feudal lords, vassals, guild-masters, journeymen, apprentices, serfs
v srednjem veku: fevdalci, vazali, cehovski mojstri, popotniki, vajenci, tlačani

in almost all of these classes, again, subordinate gradations
v skoraj vseh teh razredih, spet, podrejene stopnje

The modern Bourgeoisie society has sprouted from the ruins of feudal society

Sodobna buržoazna družba je zrasla iz ruševin fevdalne družbe
but this new social order has not done away with class antagonisms
Toda ta novi družbeni red ni odpravil razrednih nasprotij
It has but established new classes and new conditions of oppression
Vzpostavila je le nove razrede in nove pogoje zatiranja
it has established new forms of struggle in place of the old ones
namesto starih je vzpostavila nove oblike boja
however, the epoch we find ourselves in possesses one distinctive feature
Vendar pa ima obdobje, v katerem se nahajamo, eno značilnost
the epoch of the Bourgeoisie has simplified the class antagonisms
epoha buržoazije je poenostavila razredne antagonizme
Society as a whole is more and more splitting up into two great hostile camps
Družba kot celota se vse bolj deli na dva velika sovražna tabora
two great social classes directly facing each other: Bourgeoisie and Proletariat
dva velika družbena razreda, ki sta neposredno nasprotna drug drugemu: buržoazija in proletariat
From the serfs of the Middle Ages sprang the chartered burghers of the earliest towns
Iz sužnjev srednjega veka so zrasli pooblaščeni meščani najzgodnejših mest
From these burgesses the first elements of the Bourgeoisie were developed
Iz teh meščanov so se razvili prvi elementi buržoazije
The discovery of America and the rounding of the Cape
Odkritje Amerike in zaokrožitev rta
these events opened up fresh ground for the rising Bourgeoisie
ti dogodki so odprli novo podlago za naraščajočo buržoazijo
The East-Indian and Chinese markets, the colonisation of America, trade with the colonies
Vzhodnoindijski in kitajski trgi, kolonizacija Amerike, trgovina s kolonijami
the increase in the means of exchange and in commodities generally
povečanje menjalnih sredstev in blaga na splošno

these events gave to commerce, navigation, and industry an impulse never before known
Ti dogodki so trgovini, navigaciji in industriji dali impulz, ki ga prej nismo poznali
it gave rapid development to the revolutionary element in the tottering feudal society
Omogočila je hiter razvoj revolucionarnega elementa v nestabilni fevdalni družbi
closed guilds had monopolised the feudal system of industrial production
zaprti cehi so monopolizirali fevdalni sistem industrijske proizvodnje
but this no longer sufficed for the growing wants of the new markets
vendar to ni več zadostovalo za naraščajoče potrebe novih trgov
The manufacturing system took the place of the feudal system of industry
Proizvodni sistem je nadomestil fevdalni sistem industrije
The guild-masters were pushed on one side by the manufacturing middle class
Cehovske mojstre je na eno stran potisnil proizvodni srednji razred
division of labour between the different corporate guilds vanished
delitev dela med različnimi korporativnimi cehi je izginila
the division of labour penetrated each single workshop
delitev dela je prodrla v vsako posamezno delavnico
Meantime, the markets kept ever growing, and the demand ever rising
Medtem so trgi nenehno rasli, povpraševanje pa je vedno naraščalo
Even factories no longer sufficed to meet the demands
Tudi tovarne niso več zadostovale za izpolnjevanje zahtev
Thereupon, steam and machinery revolutionised industrial production
Nato so para in stroji revolucionirali industrijsko proizvodnjo
The place of manufacture was taken by the giant, Modern Industry
Mesto proizvodnje je prevzela velikan, sodobna industrija
the place of the industrial middle class was taken by industrial millionaires
mesto industrijskega srednjega razreda so prevzeli industrijski milijonarji
the place of leaders of whole industrial armies were taken by the modern Bourgeoisie

mesto voditeljev celotnih industrijskih vojsk je prevzela sodobna buržoazija

the discovery of America paved the way for modern industry to establish the world market

odkritje Amerike je utrlo pot sodobni industriji, da vzpostavi svetovni trg

This market gave an immense development to commerce, navigation, and communication by land

Ta trg je omogočil ogromen razvoj trgovine, plovbe in komunikacije po kopnem

This development has, in its time, reacted on the extension of industry

Ta razvoj se je v svojem času odzval na širitev industrije

it reacted in proportion to how industry extended, and how commerce, navigation and railways extended

odzval se je sorazmerno s tem, kako se je industrija razširila in kako so se trgovina, plovba in železnice razširile

in the same proportion that the Bourgeoisie developed, they increased their capital

v enakem razmerju, v katerem se je razvila buržoazija, so povečali svoj kapital

and the Bourgeoisie pushed into the background every class handed down from the Middle Ages

in buržoazija je potisnila v ozadje vsak razred, ki se je izrekel iz srednjega veka

therefore the modern Bourgeoisie is itself the product of a long course of development

zato je sodobna buržoazija sama produkt dolgega razvoja

we see it is a series of revolutions in the modes of production and of exchange

Vidimo, da gre za vrsto revolucij v načinih proizvodnje in izmenjave

Each developmental Bourgeoisie step was accompanied by a corresponding political advance

Vsak razvojni korak buržoazije je spremljal ustrezen politični napredek

An oppressed class under the sway of the feudal nobility

Zatirani razred pod vplivom fevdalnega plemstva

an armed and self-governing association in the mediaeval commune

oboroženo in samoupravno združenje v srednjeveški komuni

here, an independent urban republic (as in Italy and Germany)
tukaj neodvisna mestna republika (kot v Italiji in Nemčiji)
there, a taxable "third estate" of the monarchy (as in France)
tam obdavčljiva "tretja lastnost" monarhije (kot v Franciji)
afterwards, in the period of manufacture proper
pozneje, v obdobju lastne proizvodnje
the Bourgeoisie served either the semi-feudal or the absolute monarchy
buržoazija je služila bodisi polfevdalni ali absolutni monarhiji
or the Bourgeoisie acted as a counterpoise against the nobility
ali pa je buržoazija delovala kot protiutež plemstvu
and, in fact, the Bourgeoisie was a corner-stone of the great monarchies in general
in dejansko je bila buržoazija temeljni kamen velikih monarhij na splošno
but Modern Industry and the world-market established itself since then
toda sodobna industrija in svetovni trg sta se od takrat uveljavila
and the Bourgeoisie has conquered for itself exclusive political sway
in buržoazija si je osvojila izključno politično oblast
it achieved this political sway through the modern representative State
ta politični vpliv je dosegla prek sodobne predstavniške države
The executives of the modern State are but a management committee
Izvršilni organi sodobne države so le upravni odbor
and they manage the common affairs of the whole of the Bourgeoisie
in upravljajo skupne zadeve celotne buržoazije
The Bourgeoisie, historically, has played a most revolutionary part
Buržoazija je zgodovinsko gledano igrala najbolj revolucionarno vlogo
wherever it got the upper hand, it put an end to all feudal, patriarchal, and idyllic relations
Kjerkoli je dobila prevlado, je končala vse fevdalne, patriarhalne in idilične odnose
It has pitilessly torn asunder the motley feudal ties that bound man to his "natural superiors"

Neusmiljeno je raztrgala pestre fevdalne vezi, ki so človeka povezovale z njegovimi »naravnimi nadrejenimi«
and it has left remaining no nexus between man and man, other than naked self-interest
in ni ostala nobena povezava med človekom in človekom, razen golega lastnega interesa
man's relations with one another have become nothing more than callous "cash payment"
Človeški odnosi med seboj niso postali nič drugega kot brezobzirno »gotovinsko plačilo«
It has drowned the most heavenly ecstasies of religious fervour
Utopila je najbolj nebeške ekstaze verske gorečnosti
it has drowned chivalrous enthusiasm and philistine sentimentalism
utopil je viteško navdušenje in meščanski sentimentalizem
it has drowned these things in the icy water of egotistical calculation
Te stvari je utopil v ledeni vodi egoistične preračunljivosti
It has resolved personal worth into exchangeable value
Osebno vrednost je spremenila v zamenljivo vrednost
it has replaced the numberless and indefeasible chartered freedoms
nadomestila je nešteto in neodtujljivih svoboščin
and it has set up a single, unconscionable freedom; Free Trade
in vzpostavila je enotno, nevestno svobodo; Prosta trgovina
In one word, it has done this for exploitation
Z eno besedo, to je storila za izkoriščanje
exploitation veiled by religious and political illusions
izkoriščanje, zakrito z verskimi in političnimi iluzijami
exploitation veiled by naked, shameless, direct, brutal exploitation
izkoriščanje, zastrto z golim, nesramnim, neposrednim, brutalnim izkoriščanjem
the Bourgeoisie has stripped the halo off every previously honoured and revered occupation
buržoazija je odstranila oreol z vsakega prej častnega in spoštovanega poklica
the physician, the lawyer, the priest, the poet, and the man of science
zdravnik, odvetnik, duhovnik, pesnik in človek znanosti

it has converted these distinguished workers into its paid wage labourers
te ugledne delavce je spremenila v plačane mezdne delavce
The Bourgeoisie has torn the sentimental veil away from the family
Buržoazija je odtrgala sentimentalno tančico od družine
and it has reduced the family relation to a mere money relation
in družinsko razmerje je zmanjšalo na zgolj denarno razmerje
the brutal display of vigour in the Middle Ages which Reactionists so much admire
brutalni prikaz moči v srednjem veku, ki ga reakcionisti tako občudujejo
even this found its fitting complement in the most slothful indolence
Tudi to je našlo svoje primerno dopolnilo v najbolj lenobni lenobnosti
The Bourgeoisie has disclosed how all this came to pass
Buržoazija je razkrila, kako se je vse to zgodilo
The Bourgeoisie have been the first to show what man's activity can bring about
Buržoazija je bila prva, ki je pokazala, kaj lahko prinese človeška dejavnost
It has accomplished wonders far surpassing Egyptian pyramids, Roman aqueducts, and Gothic cathedrals
Dosegel je čudeže, ki daleč presegajo egipčanske piramide, rimske akvadukte in gotske stolnice
and it has conducted expeditions that put in the shade all former Exoduses of nations and crusades
in izvajala je odprave, ki so zasenčile vse prejšnje eksoduse narodov in križarske vojne
The Bourgeoisie cannot exist without constantly revolutionising the instruments of production
Buržoazija ne more obstajati, ne da bi nenehno revolucionirala proizvodne instrumente
and thereby it cannot exist without its relations to production
in zato ne more obstajati brez svojih odnosov do proizvodnje
and therefore it cannot exist without its relations to society
in zato ne more obstajati brez svojih odnosov do družbe
all earlier industrial classes had one condition in common
Vsi prejšnji industrijski razredi so imeli en skupni pogoj

they relied on the conservation of the old modes of production
zanašali so se na ohranjanje starih načinov proizvodnje
but the Bourgeoisie brought with it a completely new dynamic
vendar je buržoazija s seboj prinesla popolnoma novo dinamiko
Constant revolutionizing of production and uninterrupted disturbance of all social conditions
Nenehno revolucioniranje proizvodnje in neprekinjeno motenje vseh družbenih razmer
this everlasting uncertainty and agitation distinguishes the Bourgeoisie epoch from all earlier ones
ta večna negotovost in vznemirjenost ločuje buržoazno obdobje od vseh prejšnjih
previous relations with production came with ancient and venerable prejudices and opinions
prejšnji odnosi s proizvodnjo so prišli s starodavnimi in častitljivimi predsodki in mnenji
but all of these fixed, fast-frozen relations are swept away
Toda vsi ti fiksni, hitro zamrznjeni odnosi so odstranjeni
all new-formed relations become antiquated before they can ossify
Vsi novonastali odnosi postanejo zastareli, preden lahko okostenejo
All that is solid melts into air, and all that is holy is profaned
Vse, kar je trdno, se stopi v zrak in vse, kar je sveto, je oskrunjeno
man is at last compelled to face with sober senses, his real conditions of life
človek je končno prisiljen soočiti se s svojimi resničnimi življenjskimi pogoji s treznimi čuti
and he is compelled to face his relations with his kind
in prisiljen je soočiti se s svojimi odnosi s svojo vrsto
The Bourgeoisie constantly needs to expand its markets for its products
Buržoazija mora nenehno širiti svoje trge za svoje izdelke
and, because of this, the Bourgeoisie is chased over the whole surface of the globe
in zaradi tega buržoazijo preganjajo po celotni površini sveta
The Bourgeoisie must nestle everywhere, settle everywhere, establish connections everywhere
Buržoazija se mora povsod ugnezditi, povsod naseliti, povsod vzpostaviti povezave

The Bourgeoisie must create markets in every corner of the world to exploit
Buržoazija mora ustvariti trge v vsakem kotičku sveta, ki ga bo lahko izkoriščala
the production and consumption in every country has been given a cosmopolitan character
proizvodnja in poraba v vsaki državi sta dobili svetovljanski značaj
the chagrin of Reactionists is palpable, but it has carried on regardless
žalost reakcionistov je otipljiva, vendar se je kljub temu nadaljevala
The Bourgeoisie have drawn from under the feet of industry the national ground on which it stood
Buržoazija je izpod nog industrije potegnila nacionalno podlago, na kateri je stala
all old-established national industries have been destroyed, or are daily being destroyed
Vse stare nacionalne industrije so bile uničene ali pa se uničujejo vsak dan
all old-established national industries are dislodged by new industries
vse stare nacionalne industrije so izrinjene z novimi industrijami
their introduction becomes a life and death question for all civilised nations
njihova uvedba postane vprašanje življenja in smrti za vse civilizirane narode
they are dislodged by industries that no longer work up indigenous raw material
izrinjajo jih industrije, ki ne obdelujejo več domačih surovin
instead, these industries pull raw materials from the remotest zones
namesto tega te industrije črpajo surovine iz najbolj oddaljenih območij
industries whose products are consumed, not only at home, but in every quarter of the globe
industrije, katerih izdelki se porabijo, ne samo doma, ampak v vseh delih sveta
In place of the old wants, satisfied by the productions of the country, we find new wants
Namesto starih potreb, zadovoljenih s proizvodnjo države, najdemo nove želje

these new wants require for their satisfaction the products of distant lands and climes
Te nove potrebe za svoje zadovoljevanje zahtevajo izdelke oddaljenih dežel in podnebja
In place of the old local and national seclusion and self-sufficiency, we have trade
Namesto stare lokalne in nacionalne osamljenosti in samozadostnosti imamo trgovino
international exchange in every direction; universal interdependence of nations
mednarodna izmenjava v vseh smereh; univerzalna soodvisnost narodov
and just as we have dependency on materials, so we are dependent on intellectual production
in tako kot smo odvisni od materialov, smo odvisni od intelektualne proizvodnje
The intellectual creations of individual nations become common property
Intelektualne stvaritve posameznih narodov postanejo skupna lastnina
National one-sidedness and narrow-mindedness become more and more impossible
Nacionalna enostranskost in ozkoglednost postajata vse bolj nemogoča
and from the numerous national and local literatures, there arises a world literature
in iz številnih nacionalnih in lokalnih literatur izhaja svetovna literatura
by the rapid improvement of all instruments of production
s hitrim izboljšanjem vseh proizvodnih instrumentov
by the immensely facilitated means of communication
z izjemno olajšanimi komunikacijskimi sredstvi
The Bourgeoisie draws all (even the most barbarian nations) into civilisation
Buržoazija v civilizacijo pritegne vse (tudi najbolj barbarske narode)
The cheap prices of its commodities; the heavy artillery that batters down all Chinese walls
Nizke cene njenega blaga; težko topništvo, ki ruši vse kitajske zidove
the barbarians' intensely obstinate hatred of foreigners is forced to capitulate

Močno trmasto sovraštvo barbarov do tujcev je prisiljeno kapitulirati
It compels all nations, on pain of extinction, to adopt the Bourgeoisie mode of production
Prisili vse narode, da pod grožnjo izumrtja sprejmejo buržoazijski način proizvodnje
it compels them to introduce what it calls civilisation into their midst
prisili jih, da v svojo sredino uvedejo tisto, kar imenuje civilizacija
The Bourgeoisie force the barbarians to become Bourgeoisie themselves
Buržoazija prisili barbare, da sami postanejo buržoazija
in a word, the Bourgeoisie creates a world after its own image
z eno besedo, buržoazija ustvarja svet po svoji podobi
The Bourgeoisie has subjected the countryside to the rule of the towns
Buržoazija je podeželje podredila vladavini mest
It has created enormous cities and greatly increased the urban population
Ustvaril je ogromna mesta in močno povečal mestno prebivalstvo
it rescued a considerable part of the population from the idiocy of rural life
rešila je precejšen del prebivalstva pred idiotizmom podeželskega življenja
but it has made those in the the countryside dependent on the towns
vendar so tisti na podeželju postali odvisni od mest
and likewise, it has made the barbarian countries dependent on the civilised ones
prav tako so barbarske države postale odvisne od civiliziranih
nations of peasants on nations of Bourgeoisie, the East on the West
narodi kmetov na narodih buržoazije, vzhod na zahodu
The Bourgeoisie does away with the scattered state of the population more and more
Buržoazija vse bolj odpravlja razpršeno stanje prebivalstva
It has agglomerated production, and has concentrated property in a few hands
Ima aglomerirano proizvodnjo in koncentrirano lastnino v nekaj rokah

The necessary consequence of this was political centralisation
Nujna posledica tega je bila politična centralizacija
there had been independent nations and loosely connected provinces
obstajali so neodvisni narodi in ohlapno povezane province
they had separate interests, laws, governments and systems of taxation
imeli so ločene interese, zakone, vlade in davčne sisteme
but they have become lumped together into one nation, with one government
vendar so postali združeni v en narod, z eno vlado
they now have one national class-interest, one frontier and one customs-tariff
zdaj imajo en nacionalni razredni interes, eno mejo in eno carinsko tarifo
and this national class-interest is unified under one code of law
in ta nacionalni razredni interes je združen v enem samem pravnem zakoniku
the Bourgeoisie has achieved much during its rule of scarce one hundred years
buržoazija je dosegla veliko v svoji vladavini, ki je trajala komaj sto let
more massive and colossal productive forces than have all preceding generations together
bolj masivne in ogromne proizvodne sile kot vse prejšnje generacije skupaj
Nature's forces are subjugated to the will of man and his machinery
Naravne sile so podrejene volji človeka in njegovih strojev
chemistry is applied to all forms of industry and types of agriculture
Kemija se uporablja v vseh oblikah industrije in vrstah kmetijstva
steam-navigation, railways, electric telegraphs, and the printing press
parna plovba, železnice, električni telegrafi in tiskarski stroj
clearing of whole continents for cultivation, canalisation of rivers
čiščenje celih celin za pridelavo, kanalizacija rek
whole populations have been conjured out of the ground and put to work
Cele populacije so bile pričarane iz tal in dane na delo

what earlier century had even a presentiment of what could be unleashed?
Katero prejšnje stoletje je imelo celo slutnjo o tem, kaj bi se lahko sprožilo?
who predicted that such productive forces slumbered in the lap of social labour?
Kdo je napovedal, da bodo takšne proizvodne sile dremale v naročju družbenega dela?
we see then that the means of production and of exchange were generated in feudal society
Vidimo, da so proizvodna in menjalna sredstva nastala v fevdalni družbi
the means of production on whose foundation the Bourgeoisie built itself up
proizvodna sredstva, na katerih temeljih se je gradila buržoazija
At a certain stage in the development of these means of production and of exchange
Na določeni stopnji razvoja teh proizvodnih in menjalnih sredstev
the conditions under which feudal society produced and exchanged
pogoje, pod katerimi je fevdalna družba proizvajala in izmenjevala
the feudal organisation of agriculture and manufacturing industry
Fevdalna organizacija kmetijstva in predelovalne industrije
the feudal relations of property were no longer compatible with the material conditions
fevdalna lastninska razmerja niso bila več združljiva z materialnimi razmerami
They had to be burst asunder, so they were burst asunder
Morali so jih razbiti, zato so jih razpadli
Into their place stepped free competition from the productive forces
Na njihovo mesto je stopila svobodna konkurenca proizvodnih sil
and they were accompanied by a social and political constitution adapted to it
spremljala jih je družbena in politična ustava, ki je bila prilagojena temu
and it was accompanied by the economical and political sway of the Bourgeoisie class
spremljal ga je gospodarski in politični vpliv buržoaznega razreda
A similar movement is going on before our own eyes

Podobno gibanje se dogaja pred našimi očmi
Modern Bourgeoisie society with its relations of production, and of exchange, and of property
Sodobna buržoazna družba s svojimi proizvodnimi in menjalnimi razmerji
a society that has conjured up such gigantic means of production and of exchange
družbo, ki je pričarala tako velikanska proizvodna in menjalna sredstva
it is like the sorcerer who called up the powers of the nether world
To je kot čarovnik, ki je priklical moči podzemnega sveta
but he is no longer able to control what he has brought into the world
vendar ni več sposoben nadzorovati tega, kar je prinesel na svet
For many a decade past history was tied together by a common thread
Več desetletij je bila zgodovina povezana s skupno nitjo
the history of industry and commerce has been but the history of revolts
zgodovina industrije in trgovine je bila le zgodovina uporov
the revolts of modern productive forces against modern conditions of production
upori sodobnih proizvodnih sil proti sodobnim proizvodnim pogojem
the revolts of modern productive forces against property relations
upori sodobnih proizvodnih sil proti lastninskim razmerjem
these property relations are the conditions for the existence of the Bourgeoisie
ta lastninska razmerja so pogoj za obstoj buržoazije
and the existence of the Bourgeoisie determines the rules for property relations
obstoj buržoazije pa določa pravila za lastninska razmerja
it is enough to mention the periodical return of commercial crises
dovolj je omeniti občasno vračanje komercialnih kriz
each commercial crisis is more threatening to Bourgeoisie society than the last
vsaka komercialna kriza bolj ogroža buržoazno družbo kot prejšnja
In these crises a great part of the existing products are destroyed
V teh krizah je velik del obstoječih proizvodov uničen

but these crises also destroy the previously created productive forces
Toda te krize uničujejo tudi prej ustvarjene proizvodne sile
in all earlier epochs these epidemics would have seemed an absurdity
V vseh prejšnjih obdobjih bi se te epidemije zdele absurdne
because these epidemics are the commercial crises of over-production
ker so te epidemije komercialne krize prekomerne proizvodnje
Society suddenly finds itself put back into a state of momentary barbarism
Družba se nenadoma znajde nazaj v stanju trenutnega barbarstva
as if a universal war of devastation had cut off every means of subsistence
kot da bi univerzalna opustošena vojna odrezala vsa sredstva za preživetje
industry and commerce seem to have been destroyed; and why?
Zdi se, da sta bila industrija in trgovina uničena; In zakaj?
Because there is too much civilisation and means of subsistence
Ker je preveč civilizacije in sredstev za preživetje
and because there is too much industry, and too much commerce
in ker je preveč industrije in preveč trgovine
The productive forces at the disposal of society no longer develop Bourgeoisie property
Proizvodne sile, ki so na voljo družbi, ne razvijajo več buržoazne lastnine
on the contrary, they have become too powerful for these conditions, by which they are fettered
nasprotno, postali so preveč močni za te pogoje, zaradi katerih so omejeni
as soon as they overcome these fetters, they bring disorder into the whole of Bourgeoisie society
takoj, ko premagajo te okove, vnesejo nered v celotno buržoazno družbo
and the productive forces endanger the existence of Bourgeoisie property
proizvodne sile pa ogrožajo obstoj buržoazne lastnine
The conditions of Bourgeoisie society are too narrow to comprise the wealth created by them

Pogoji buržoazne družbe so preozki, da bi zajeli bogastvo, ki so ga ustvarili

And how does the Bourgeoisie get over these crises?
In kako buržoazija premaga te krize?

On the one hand, it overcomes these crises by the enforced destruction of a mass of productive forces
Po eni strani te krize premaguje s prisilnim uničenjem množice proizvodnih sil

on the other hand, it overcomes these crises by the conquest of new markets
po drugi strani pa te krize premaguje z osvajanjem novih trgov

and it overcomes these crises by the more thorough exploitation of the old forces of production
in te krize premaguje s temeljitejšim izkoriščanjem starih proizvodnih sil

That is to say, by paving the way for more extensive and more destructive crises
To pomeni, da utirajo pot obsežnejšim in bolj uničujočim krizam

it overcomes the crisis by diminishing the means whereby crises are prevented
krizo premaguje z zmanjšanjem sredstev za preprečevanje kriz

The weapons with which the Bourgeoisie felled feudalism to the ground are now turned against itself
Orožje, s katerim je buržoazija podrla fevdalizem na tla, je zdaj obrnjeno proti sebi

But not only has the Bourgeoisie forged the weapons that bring death to itself
Toda ne samo, da je buržoazija skovala orožje, ki sebi prinaša smrt

it has also called into existence the men who are to wield those weapons
Prav tako je poklical v obstoj moške, ki naj bi nosili to orožje

and these men are the modern working class; they are the proletarians
in ti ljudje so sodobni delavski razred; To so proletarci

In proportion as the Bourgeoisie is developed, in the same proportion is the Proletariat developed
Sorazmerno z razvojem buržoazije se v enakem razmerju razvija proletariat

the modern working class developed a class of labourers
Sodobni delavski razred je razvil razred delavcev

this class of labourers live only so long as they find work
Ta razred delavcev živi le tako dolgo, dokler najdejo delo
and they find work only so long as their labour increases capital
in delo najdejo le, dokler njihovo delo povečuje kapital
These labourers, who must sell themselves piece-meal, are a commodity
Ti delavci, ki se morajo prodajati po kosih, so blago
these labourers are like every other article of commerce
Ti delavci so kot vsak drug trgovski artikel
and they are consequently exposed to all the vicissitudes of competition
in zato so izpostavljeni vsem spremenljivim spremembam konkurence
they have to weather all the fluctuations of the market
Prebroditi morajo vsa nihanja na trgu
Owing to the extensive use of machinery and to division of labour
Zaradi obsežne uporabe strojev in delitve dela
the work of the proletarians has lost all individual character
Delo proletarcev je izgubilo ves individualni značaj
and consequently, the work of the proletarians has lost all charm for the workman
in posledično je delo proletarcev izgubilo ves čar za delavca
He becomes an appendage of the machine, rather than the man he once was
Postane privesek stroja, ne pa človek, ki je nekoč bil
only the most simple, monotonous, and most easily acquired knack is required of him
od njega se zahteva le najbolj preprosta, monotona in najlažje pridobljena spretnost
Hence, the cost of production of a workman is restricted
Zato so stroški proizvodnje delavca omejeni
it is restricted almost entirely to the means of subsistence that he requires for his maintenance
skoraj v celoti je omejena na sredstva za preživljanje, ki jih potrebuje za svoje preživljanje
and it is restricted to the means of subsistence that he requires for the propagation of his race
in omejena je na sredstva za preživljanje, ki jih potrebuje za razmnoževanje svoje rase

But the price of a commodity, and therefore also of labour, is equal to its cost of production
Toda cena blaga in s tem tudi dela je enaka njegovim proizvodnim stroškom

In proportion, therefore, as the repulsiveness of the work increases, the wage decreases
Sorazmerno s povečanjem odvratnosti dela se torej plača zmanjšuje

Nay, the repulsiveness of his work increases at an even greater rate
Ne, odvratnost njegovega dela narašča s še večjo hitrostjo

as the use of machinery and division of labour increases, so does the burden of toil
Z naraščanjem uporabe strojev in delitve dela se povečuje tudi breme truda

the burden of toil is increased by prolongation of the working hours
breme truda se poveča s podaljšanjem delovnega časa

more is expected of the labourer in the same time as before
od delavca se pričakuje več v istem času kot prej

and of course the burden of the toil is increased by the speed of the machinery
in seveda se breme truda poveča s hitrostjo strojev

Modern industry has converted the little workshop of the patriarchal master into the great factory of the industrial capitalist
Sodobna industrija je majhno delavnico patriarhalnega mojstra spremenila v veliko tovarno industrijskega kapitalista

Masses of labourers, crowded into the factory, are organised like soldiers
Množice delavcev, ki so natrpane v tovarni, so organizirane kot vojaki

As privates of the industrial army they are placed under the command of a perfect hierarchy of officers and sergeants
Kot vojaki industrijske vojske so pod poveljstvom popolne hierarhije častnikov in narednikov

they are not only the slaves of the Bourgeoisie class and State
niso le sužnji buržoazijskega razreda in države

but they are also daily and hourly enslaved by the machine
vendar so tudi vsak dan in vsako uro zasužnjeni s strojem

they are enslaved by the over-looker, and, above all, by the individual Bourgeoisie manufacturer himself

zasužnjeni so s strani opazovalca in predvsem s strani posameznega
buržoaznega proizvajalca

The more openly this despotism proclaims gain to be its end and aim, the more petty, the more hateful and the more embittering it is

Bolj ko odkrito ta despotizem razglaša dobiček za svoj cilj in cilj, bolj je majhen, bolj sovražen in bolj zagrenjen

the more modern industry becomes developed, the lesser are the differences between the sexes

bolj ko se razvije sodobna industrija, manjše so razlike med spoloma

The less the skill and exertion of strength implied in manual labour, the more is the labour of men superseded by that of women

Manj spretnosti in moči, ki jo vključuje ročno delo, bolj je delo moških nadomeščeno z delom žensk

Differences of age and sex no longer have any distinctive social validity for the working class

Razlike med starostjo in spolom nimajo več nobene posebne družbene veljavnosti za delavski razred

All are instruments of labour, more or less expensive to use, according to their age and sex

Vsi so delovna orodja, ki so bolj ali cenejši za uporabo, glede na njihovo starost in spol

as soon as the labourer receives his wages in cash, than he is set upon by the other portions of the Bourgeoisie

takoj, ko delavec prejme plačo v gotovini, ga določijo drugi deli buržoazije

the landlord, the shopkeeper, the pawnbroker, etc

najemodajalca, trgovca, zastavljalca itd

The lower strata of the middle class; the small trades people and shopkeepers

Nižji sloji srednjega razreda; mali obrtniki in trgovci

the retired tradesmen generally, and the handicraftsmen and peasants

upokojeni obrtniki na splošno ter rokodelci in kmetje

all these sink gradually into the Proletariat

vse to se postopoma potopi v proletariat

partly because their diminutive capital does not suffice for the scale on which Modern Industry is carried on

deloma zato, ker njihov majhen kapital ne zadostuje za obseg, v katerem se izvaja sodobna industrija

and because it is swamped in the competition with the large capitalists

in ker je preplavljena v konkurenci z velikimi kapitalisti

partly because their specialized skill is rendered worthless by the new methods of production

deloma zato, ker je njihova specializirana spretnost zaradi novih proizvodnih metod postala ničvredna

Thus the Proletariat is recruited from all classes of the population

Tako se proletariat rekrutira iz vseh razredov prebivalstva

The Proletariat goes through various stages of development

Proletariat gre skozi različne stopnje razvoja

With its birth begins its struggle with the Bourgeoisie

Z njenim rojstvom se začne boj z buržoazijo

At first the contest is carried on by individual labourers

Sprva tekmovanje vodijo posamezni delavci

then the contest is carried on by the workpeople of a factory

nato tekmovanje izvajajo delavci tovarne

then the contest is carried on by the operatives of one trade, in one locality

nato tekmovanje vodijo delavci ene obrti, v enem kraju

and the contest is then against the individual Bourgeoisie who directly exploits them

in tekmovanje je nato proti posamezni buržoaziji, ki jih neposredno izkorišča

They direct their attacks not against the Bourgeoisie conditions of production

Svojih napadov ne usmerjajo proti buržoaznim proizvodnim pogojem

but they direct their attack against the instruments of production themselves

vendar svoj napad usmerjajo proti samim proizvodnim instrumentom

they destroy imported wares that compete with their labour

Uničujejo uvoženo blago, ki tekmuje z njihovim delom

they smash to pieces machinery and they set factories ablaze

razbijejo stroje na koščke in zažgejo tovarne

they seek to restore by force the vanished status of the workman of the Middle Ages

s silo poskušajo obnoviti izginuli status srednjeveškega delavca
At this stage the labourers still form an incoherent mass scattered over the whole country
Na tej stopnji delavci še vedno tvorijo nekoherentno maso, razpršeno po vsej državi
and they are broken up by their mutual competition
in jih razbije medsebojna konkurenca
If anywhere they unite to form more compact bodies, this is not yet the consequence of their own active union
Če se kjerkoli združijo v bolj kompaktna telesa, to še ni posledica njihove lastne aktivne zveze
but it is a consequence of the union of the Bourgeoisie, to attain its own political ends
vendar je posledica združitve buržoazije, da doseže svoje politične cilje
the Bourgeoisie is compelled to set the whole Proletariat in motion
buržoazija je prisiljena sprožiti celoten proletariat
and moreover, for a time being, the Bourgeoisie is able to do so
in še več, buržoazija je za nekaj časa sposobna to storiti
At this stage, therefore, the proletarians do not fight their enemies
Na tej stopnji se torej proletarci ne borijo proti svojim sovražnikom
but instead they are fighting the enemies of their enemies
ampak namesto tega se borijo proti sovražnikom svojih sovražnikov
the fight the remnants of absolute monarchy and the landowners
boj proti ostankom absolutne monarhije in lastnikom zemljišč
they fight the non-industrial Bourgeoisie; the petty Bourgeoisie
borijo se proti neindustrijski buržoaziji; drobna buržoazija
Thus the whole historical movement is concentrated in the hands of the Bourgeoisie
Tako je celotno zgodovinsko gibanje skoncentrirano v rokah buržoazije
every victory so obtained is a victory for the Bourgeoisie
vsaka tako dosežena zmaga je zmaga buržoazije
But with the development of industry the Proletariat not only increases in number
Toda z razvojem industrije se proletariat ne povečuje le v številu
the Proletariat becomes concentrated in greater masses and its strength grows
proletariat se koncentrira v večjih množicah in njegova moč raste

and the Proletariat feels that strength more and more
in proletariat čuti to moč vedno bolj
The various interests and conditions of life within the ranks of the Proletariat are more and more equalised
Različni interesi in življenjske razmere v vrstah proletariata so vse bolj izenačeni
they become more in proportion as machinery obliterates all distinctions of labour
postajajo bolj sorazmerno s stroji izbrisati vse razlike med delom
and machinery nearly everywhere reduces wages to the same low level
in stroji skoraj povsod znižajo plače na enako nizko raven
The growing competition among the Bourgeoisie, and the resulting commercial crises, make the wages of the workers ever more fluctuating
Zaradi naraščajoče konkurence med buržoazijo in posledične trgovinske krize so plače delavcev vse bolj nihajoče
The unceasing improvement of machinery, ever more rapidly developing, makes their livelihood more and more precarious
Zaradi nenehnega izboljševanja strojev, ki se vedno hitreje razvijajo, je njihovo preživetje vse bolj negotovo
the collisions between individual workmen and individual Bourgeoisie take more and more the character of collisions between two classes
trki med posameznimi delavci in posamezno buržoazijo imajo vse bolj značaj trkov med dvema razredoma
Thereupon the workers begin to form combinations (Trades Unions) against the Bourgeoisie
Nato se delavci začnejo združevati (sindikati) proti buržoaziji
they club together in order to keep up the rate of wages
združujejo se, da bi ohranili stopnjo plač
they found permanent associations in order to make provision beforehand for these occasional revolts
našli so stalna združenja, da bi vnaprej poskrbeli za te občasne upore
Here and there the contest breaks out into riots
Tu in tam tekmovanje izbruhne v nemire
Now and then the workers are victorious, but only for a time
Tu in tam delavci zmagajo, vendar le za nekaj časa

The real fruit of their battles lies, not in the immediate result, but in the ever-expanding union of the workers
Pravi sad njihovih bojev ni v takojšnjem rezultatu, ampak v vedno večjem sindikatu delavcev

This union is helped on by the improved means of communication that are created by modern industry
K temu sindikatu pomagajo izboljšana komunikacijska sredstva, ki jih ustvarja sodobna industrija

modern communication places the workers of different localities in contact with one another
Sodobna komunikacija postavlja delavce različnih krajev v stik med seboj

It was just this contact that was needed to centralise the numerous local struggles into one national struggle between classes
Ravno ta stik je bil potreben za centralizacijo številnih lokalnih bojev v en nacionalni boj med razredi

all of these struggles are of the same character, and every class struggle is a political struggle
vsi ti boji so istega značaja in vsak razredni boj je politični boj

the burghers of the Middle Ages, with their miserable highways, required centuries to form their unions
meščani srednjega veka s svojimi bednimi cestami so potrebovali stoletja, da so oblikovali svoje zveze

the modern proletarians, thanks to railways, achieve their unions within a few years
Sodobni proletarci zahvaljujoč železnicam dosežejo svoje zveze v nekaj letih

This organisation of the proletarians into a class consequently formed them into a political party
Ta organizacija proletarcev v razred jih je posledično oblikovala v politično stranko

the political class is continually being upset again by the competition between the workers themselves
Politični razred nenehno vznemirja konkurenca med delavci samimi

But the political class continues to rise up again, stronger, firmer, mightier
Toda politični razred se še naprej dviguje, močnejši, trdnejši, močnejši

It compels legislative recognition of particular interests of the workers
Zahteva zakonodajno priznanje posebnih interesov delavcev
it does this by taking advantage of the divisions among the Bourgeoisie itself
to počne tako, da izkoristi delitve med buržoazijo
Thus the ten-hours' bill in England was put into law
Tako je bil zakon o desetih urah v Angliji uzakonjen
in many ways the collisions between the classes of the old society further is the course of development of the Proletariat
v mnogih pogledih so trki med razredi stare družbe nadaljnji potek razvoja proletariata
The Bourgeoisie finds itself involved in a constant battle
Buržoazija se znajde v nenehnem boju
At first it will find itself involved in a constant battle with the aristocracy
Sprva se bo znašla v nenehnem boju z aristokracijo
later on it will find itself involved in a constant battle with those portions of the Bourgeoisie itself
kasneje se bo znašla v nenehnem boju s tistimi deli same buržoazije
and their interests will have become antagonistic to the progress of industry
in njihovi interesi bodo postali nasprotni napredku industrije
at all times, their interests will have become antagonistic with the Bourgeoisie of foreign countries
vedno bodo njihovi interesi postali nasprotni buržoaziji tujih držav
In all these battles it sees itself compelled to appeal to the Proletariat, and asks for its help
V vseh teh bitkah se čuti prisiljen pritegniti proletariat in ga prosi za pomoč
and thus, it will feel compelled to drag it into the political arena
in tako se bo počutila prisiljeno, da jo povleče v politično areno
The Bourgeoisie itself, therefore, supplies the Proletariat with its own instruments of political and general education
Buržoazija sama torej oskrbuje proletariat z lastnimi instrumenti politične in splošne vzgoje
in other words, it furnishes the Proletariat with weapons for fighting the Bourgeoisie
z drugimi besedami, proletariat oskrbuje z orožjem za boj proti buržoaziji

Further, as we have already seen, entire sections of the ruling classes are precipitated into the Proletariat
Poleg tega, kot smo že videli, so celotni deli vladajočih razredov strmoglavljeni v proletariat

the advance of industry sucks them into the Proletariat
napredek industrije jih sesa v proletariat

or, at least, they are threatened in their conditions of existence
ali pa so vsaj ogroženi v svojih pogojih obstoja

These also supply the Proletariat with fresh elements of enlightenment and progress
Ti tudi oskrbujejo proletariat s svežimi elementi razsvetljenstva in napredka

Finally, in times when the class struggle nears the decisive hour
Končno, v času, ko se razredni boj približuje odločilni uri

the process of dissolution going on within the ruling class
proces razpustitve znotraj vladajočega razreda

in fact, the dissolution going on within the ruling class will be felt within the whole range of society
pravzaprav se bo razpad, ki se dogaja znotraj vladajočega razreda, čutil v celotni družbi

it will take on such a violent, glaring character, that a small section of the ruling class cuts itself adrift
Dobila bo tako nasilen, očiten značaj, da se bo majhen del vladajočega razreda odrezal

and that ruling class will join the revolutionary class
in da se bo vladajoči razred pridružil revolucionarnemu razredu

the revolutionary class being the class that holds the future in its hands
revolucionarni razred je razred, ki ima prihodnost v svojih rokah

Just as at an earlier period, a section of the nobility went over to the Bourgeoisie
Tako kot v prejšnjem obdobju je del plemstva prešel v buržoazijo

the same way a portion of the Bourgeoisie will go over to the Proletariat
na enak način bo del buržoazije prešel k proletariatu

in particular, a portion of the Bourgeoisie will go over to a portion of the Bourgeoisie ideologists
zlasti bo del buržoazije prešel na del buržoaznih ideologov

Bourgeoisie ideologists who have raised themselves to the level of comprehending theoretically the historical movement as a whole

Buržoazni ideologi, ki so se dvignili na raven teoretičnega razumevanja zgodovinskega gibanja kot celote
Of all the classes that stand face to face with the Bourgeoisie today, the Proletariat alone is a really revolutionary class
Od vseh razredov, ki se danes soočajo z buržoazijo, je samo proletariat resnično revolucionaren razred
The other classes decay and finally disappear in the face of Modern Industry
Drugi razredi propadejo in končno izginejo pred sodobno industrijo
the Proletariat is its special and essential product
Proletariat je njegov poseben in bistven izdelek
The lower middle class, the small manufacturer, the shopkeeper, the artisan, the peasant
Nižji srednji razred, mali proizvajalec, trgovec, obrtnik, kmet
all these fight against the Bourgeoisie
vsi ti se borijo proti buržoaziji
they fight as fractions of the middle class to save themselves from extinction
Borijo se kot deli srednjega razreda, da bi se rešili pred izumrtjem
They are therefore not revolutionary, but conservative
Zato niso revolucionarni, ampak konservativni
Nay more, they are reactionary, for they try to roll back the wheel of history
Še več, reakcionarni so, ker poskušajo vrniti kolo zgodovine nazaj
If by chance they are revolutionary, they are so only in view of their impending transfer into the Proletariat
Če so po naključju revolucionarne, so to le zaradi bližajočega se prehoda v proletariat
they thus defend not their present, but their future interests
tako ne branijo svojih sedanjih, ampak prihodnjih interesov
they desert their own standpoint to place themselves at that of the Proletariat
zapustijo svoje stališče, da bi se postavili na stališče proletariata
The "dangerous class," the social scum, that passively rotting mass thrown off by the lowest layers of old society
»Nevarni razred«, družbena ološ, ta pasivno gnila masa, ki so jo vrgli najnižji sloji stare družbe
they may, here and there, be swept into the movement by a proletarian revolution
tu in tam jih lahko v gibanje pomete proletarska revolucija

its conditions of life, however, prepare it far more for the part of a bribed tool of reactionary intrigue
Njegove življenjske razmere pa jo veliko bolj pripravljajo na vlogo podkupljenega orodja reakcionarnih spletk

In the conditions of the Proletariat, those of old society at large are already virtually swamped
V razmerah proletariata so tisti iz stare družbe na splošno že praktično preplavljeni

The proletarian is without property
Proletar je brez lastnine

his relation to his wife and children has no longer anything in common with the Bourgeoisie's family-relations
njegov odnos z ženo in otroki nima več nič skupnega z družinskimi odnosi buržoazije

modern industrial labour, modern subjection to capital, the same in England as in France, in America as in Germany
sodobno industrijsko delo, sodobno podrejanje kapitalu, enako v Angliji kot v Franciji, v Ameriki kot v Nemčiji

his condition in society has stripped him of every trace of national character
njegovo stanje v družbi mu je odvzelo vse sledi nacionalnega značaja

Law, morality, religion, are to him so many Bourgeoisie prejudices
Zakon, morala, vera so zanj toliko buržoaznih predsodkov

and behind these prejudices lurk in ambush just as many Bourgeoisie interests
in za temi predsodki se skriva v zasedi prav toliko buržoaznih interesov

All the preceding classes that got the upper hand, sought to fortify their already acquired status
Vsi prejšnji razredi, ki so dobili prednost, so poskušali utrditi svoj že pridobljeni status

they did this by subjecting society at large to their conditions of appropriation
To so storili tako, da so družbo na splošno podvrgli svojim pogojem prilaščanja

The proletarians cannot become masters of the productive forces of society
Proletarci ne morejo postati gospodarji proizvodnih sil družbe

it can only do this by abolishing their own previous mode of appropriation
to lahko stori le z odpravo lastnega prejšnjega načina prilaščanja
and thereby it also abolishes every other previous mode of appropriation
in s tem odpravlja tudi vse druge prejšnje načine prilaščanja
They have nothing of their own to secure and to fortify
Nimajo ničesar, kar bi lahko zavarovali in utrdili
their mission is to destroy all previous securities for, and insurances of, individual property
Njihovo poslanstvo je uničiti vse prejšnje vrednostne papirje in zavarovanja posameznega premoženja
All previous historical movements were movements of minorities
Vsa prejšnja zgodovinska gibanja so bila gibanja manjšin
or they were movements in the interests of minorities
ali pa so bila gibanja v interesu manjšin
The proletarian movement is the self-conscious, independent movement of the immense majority
Proletarsko gibanje je samozavestno, neodvisno gibanje ogromne večine
and it is a movement in the interests of the immense majority
in to je gibanje v interesu ogromne večine
The Proletariat, the lowest stratum of our present society
Proletariat, najnižji sloj naše sedanje družbe
it cannot stir or raise itself up without the whole superincumbent strata of official society being sprung into the air
ne more se premakniti ali dvigniti, ne da bi se v zrak dvignili celotni nadvladni sloji uradne družbe
Though not in substance, yet in form, the struggle of the Proletariat with the Bourgeoisie is at first a national struggle
Čeprav ni v vsebini, vendar v obliki, je boj proletariata z buržoazijo sprva narodni boj
The Proletariat of each country must, of course, first of all settle matters with its own Bourgeoisie
Proletariat vsake države mora seveda najprej urediti zadeve s svojo buržoazijo
In depicting the most general phases of the development of the Proletariat, we traced the more or less veiled civil war
Pri prikazovanju najbolj splošnih faz razvoja proletariata smo zasledili bolj ali manj prikrito državljansko vojno

this civil is raging within existing society
Ta civilizacija divja v obstoječi družbi
it will rage up to the point where that war breaks out into open revolution
divjala bo do točke, ko bo vojna izbruhnila v odprto revolucijo
and then the violent overthrow of the Bourgeoisie lays the foundation for the sway of the Proletariat
in potem nasilno strmoglavljenje buržoazije postavi temelje za vpliv proletariata
Hitherto, every form of society has been based, as we have already seen, on the antagonism of oppressing and oppressed classes
Kot smo že videli, je vsaka oblika družbe temeljila na antagonizmu zatiranja in zatiranih razredov
But in order to oppress a class, certain conditions must be assured to it
Da pa bi zatirali razred, mu morajo biti zagotovljeni določeni pogoji
the class must be kept under conditions in which it can, at least, continue its slavish existence
razred je treba ohranjati v pogojih, v katerih lahko vsaj nadaljuje svoj suženjski obstoj
The serf, in the period of serfdom, raised himself to membership in the commune
Tlačan se je v času tlačanstva povzdignil v članstvo v občini
just as the petty Bourgeoisie, under the yoke of feudal absolutism, managed to develop into a Bourgeoisie
tako kot se je drobna buržoazija pod jarmom fevdalnega absolutizma uspela razviti v buržoazijo
The modern labourer, on the contrary, instead of rising with the progress of industry, sinks deeper and deeper
Sodobni delavec, nasprotno, namesto da bi se dvignil z napredkom industrije, se potaplja globlje in globlje
he sinks below the conditions of existence of his own class
potopi se pod pogoje obstoja svojega lastnega razreda
He becomes a pauper, and pauperism develops more rapidly than population and wealth
Postane revež in revščina se razvija hitreje kot prebivalstvo in bogastvo
And here it becomes evident, that the Bourgeoisie is unfit any longer to be the ruling class in society

In tukaj postane očitno, da buržoazija ni več primerna za vladajoči razred v družbi
and it is unfit to impose its conditions of existence upon society as an over-riding law
in ni primerno, da bi družbi vsiljevali pogoje obstoja kot prevladujoči zakon
It is unfit to rule because it is incompetent to assure an existence to its slave within his slavery
Neprimerna je vladati, ker je nesposobna, da bi zagotovila obstoj svojemu sužnju v njegovem suženjstvu
because it cannot help letting him sink into such a state, that it has to feed him, instead of being fed by him
ker si ne more pomagati, da bi ga pustil, da se potopi v takšno stanje, da ga mora nahraniti, namesto da bi ga on hranil
Society can no longer live under this Bourgeoisie
Družba ne more več živeti pod to buržoazijo
in other words, its existence is no longer compatible with society
z drugimi besedami, njegov obstoj ni več združljiv z družbo
The essential condition for the existence, and for the sway of the Bourgeoisie class, is the formation and augmentation of capital
Bistveni pogoj za obstoj in vpliv buržoaznega razreda je oblikovanje in povečevanje kapitala
the condition for capital is wage-labour
pogoj za kapital je mezdno delo
Wage-labour rests exclusively on competition between the labourers
Mezdno delo temelji izključno na konkurenci med delavci
The advance of industry, whose involuntary promoter is the Bourgeoisie, replaces the isolation of the labourers
Napredek industrije, katere neprostovoljni pospeševalec je buržoazija, nadomešča izolacijo delavcev
due to competition, due to their revolutionary combination, due to association
zaradi konkurence, zaradi njihove revolucionarne kombinacije, zaradi združevanja
The development of Modern Industry cuts from under its feet the very foundation on which the Bourgeoisie produces and appropriates products
Razvoj sodobne industrije izpod njenih nog izreže temelje, na katerih buržoazija proizvaja in si prisvaja izdelke

What the Bourgeoisie produces, above all, is its own grave-diggers
Buržoazija proizvaja predvsem svoje lastne grobarje
The fall of the Bourgeoisie and the victory of the Proletariat are equally inevitable
Padec buržoazije in zmaga proletariata sta prav tako neizogibna

Proletarians and Communists
Proletarci in komunisti

In what relation do the Communists stand to the proletarians as a whole?
V kakšnem odnosu so komunisti do proletarcev kot celote?

The Communists do not form a separate party opposed to other working-class parties
Komunisti ne tvorijo ločene stranke, ki bi nasprotovala drugim delavskim strankam

They have no interests separate and apart from those of the proletariat as a whole
Nimajo interesov, ki bi bili ločeni in ločeni od interesov proletariata kot celote

They do not set up any sectarian principles of their own, by which to shape and mould the proletarian movement
Ne postavljajo lastnih sektaških načel, s katerimi bi oblikovali in oblikovali proletarsko gibanje

The Communists are distinguished from the other working-class parties by only two things
Komuniste od drugih delavskih strank razlikujeta le dve stvari

Firstly, they point out and bring to the front the common interests of the entire proletariat, independently of all nationality
Prvič, opozarjajo in postavljajo v ospredje skupne interese celotnega proletariata, neodvisno od vsake narodnosti

this they do in the national struggles of the proletarians of the different countries
to počnejo v nacionalnih bojih proletarcev različnih držav

Secondly, they always and everywhere represent the interests of the movement as a whole
Drugič, vedno in povsod zastopajo interese gibanja kot celote

this they do in the various stages of development, which the struggle of the working class against the Bourgeoisie has to pass through
to počnejo na različnih stopnjah razvoja, ki jih mora preživeti boj delavskega razreda proti buržoaziji

The Communists, therefore, are on the one hand, practically, the most advanced and resolute section of the working-class parties of every country

Komunisti so torej po eni strani praktično najnaprednejši in odločnejši del delavskih strank v vsaki državi
they are that section of the working class which pushes forward all others
so tisti del delavskega razreda, ki potiska vse druge
theoretically, they also have the advantage of clearly understanding the line of march
Teoretično imajo tudi prednost, da jasno razumejo črto pohoda
this they understand better compared the great mass of the proletariat
To bolje razumejo v primerjavi z veliko množico proletariata
they understand the conditions, and the ultimate general results of the proletarian movement
razumejo pogoje in končne splošne rezultate proletarskega gibanja
The immediate aim of the Communist is the same as that of all the other proletarian parties
Neposredni cilj komunista je enak cilju vseh drugih proletarskih strank
their aim is the formation of the proletariat into a class
Njihov cilj je oblikovanje proletariata v razred
they aim to overthrow the Bourgeoisie supremacy
njihov cilj je strmoglaviti buržoazno prevlado
the strive for the conquest of political power by the proletariat
prizadevanje za osvojitev politične moči s strani proletariata
The theoretical conclusions of the Communists are in no way based on ideas or principles of reformers
Teoretični zaključki komunistov nikakor ne temeljijo na idejah ali načelih reformatorjev
it wasn't would-be universal reformers that invented or discovered the theoretical conclusions of the Communists
niso bili univerzalni reformatorji tisti, ki so izumili ali odkrili teoretične zaključke komunistov
They merely express, in general terms, actual relations springing from an existing class struggle
Na splošno zgolj izražajo dejanske odnose, ki izvirajo iz obstoječega razrednega boja
and they describe the historical movement going on under our very eyes that have created this class struggle
in opisujejo zgodovinsko gibanje, ki se dogaja pred našimi očmi in je ustvarilo ta razredni boj

The abolition of existing property relations is not at all a distinctive feature of Communism
Odprava obstoječih lastninskih razmerij sploh ni značilnost komunizma
All property relations in the past have continually been subject to historical change
Vsa premoženjska razmerja v preteklosti so bila nenehno podvržena zgodovinskim spremembam
and these changes were consequent upon the change in historical conditions
in te spremembe so bile posledica spremembe zgodovinskih razmer
The French Revolution, for example, abolished feudal property in favour of Bourgeoisie property
Francoska revolucija je na primer odpravila fevdalno lastnino v korist buržoazne lastnine
The distinguishing feature of Communism is not the abolition of property, generally
Značilnost komunizma na splošno ni odprava lastnine
but the distinguishing feature of Communism is the abolition of Bourgeoisie property
toda značilnost komunizma je odprava buržoazne lastnine
But modern Bourgeoisie private property is the final and most complete expression of the system of producing and appropriating products
Toda sodobna buržoazna zasebna lastnina je končni in najpopolnejši izraz sistema proizvodnje in prilaščanja proizvodov
it is the final state of a system that is based on class antagonisms, where class antagonism is the exploitation of the many by the few
To je končno stanje sistema, ki temelji na razrednih antagonizmih, kjer je razredni antagonizem izkoriščanje mnogih s strani peščice
In this sense, the theory of the Communists may be summed up in the single sentence; the Abolition of private property
V tem smislu lahko teorijo komunistov povzamemo v enem samem stavku; odprava zasebne lastnine
We Communists have been reproached with the desire of abolishing the right of personally acquiring property
Komunistom so očitali željo po odpravi pravice do osebnega pridobivanja lastnine
it is claimed that this property is the fruit of a man's own labour
Trdi se, da je ta lastnost plod človekovega lastnega dela

and this property is alleged to be the groundwork of all personal freedom, activity and independence.
in ta lastnina naj bi bila temelj vse osebne svobode, dejavnosti in neodvisnosti.
"Hard-won, self-acquired, self-earned property!"
"Težko pridobljena, samopridobljena, samozaslužena lastnina!"
Do you mean the property of the petty artisan and of the small peasant?
Ali mislite na lastnino drobnega obrtnika in majhnega kmeta?
Do you mean a form of property that preceded the Bourgeoisie form?
Ali mislite na obliko lastnine, ki je bila pred buržoazno obliko?
There is no need to abolish that, the development of industry has to a great extent already destroyed it
Tega ni treba odpraviti, razvoj industrije ga je v veliki meri že uničil
and development of industry is still destroying it daily
in razvoj industrije ga še vedno vsak dan uničuje
Or do you mean modern Bourgeoisie private property?
Ali mislite na sodobno buržoazno zasebno lastnino?
But does wage-labour create any property for the labourer?
Toda ali mezdno delo ustvarja kakšno lastnino za delavca?
no, wage labour creates not one bit of this kind of property!
Ne, mezdno delo ne ustvarja niti delčka te vrste lastnine!
what wage labour does create is capital; that kind of property which exploits wage-labour
Mezdno delo ustvarja kapital; Takšna lastnina, ki izkorišča mezdno delo
capital cannot increase except upon condition of begetting a new supply of wage-labour for fresh exploitation
kapital se ne more povečati, razen pod pogojem, da sproži novo ponudbo mezdnega dela za novo izkoriščanje
Property, in its present form, is based on the antagonism of capital and wage-labour
Lastnina v svoji sedanji obliki temelji na antagonizmu kapitala in mezdnega dela
Let us examine both sides of this antagonism
Oglejmo si obe strani tega antagonizma
To be a capitalist is to have not only a purely personal status
Biti kapitalist ne pomeni imeti le čisto osebnega statusa

instead, to be a capitalist is also to have a social status in production
namesto tega biti kapitalist pomeni imeti tudi družbeni status v proizvodnji

because capital is a collective product; only by the united action of many members can it be set in motion
ker je kapital kolektivni proizvod; Le s skupnim delovanjem številnih poslancev ga je mogoče sprožiti

but this united action is a last resort, and actually requires all members of society
vendar je ta enotna akcija zadnja možnost in dejansko zahteva vse člane družbe

Capital does get converted into the property of all members of society
Kapital se pretvori v lastnino vseh članov družbe

but Capital is, therefore, not a personal power; it is a social power
toda kapital torej ni osebna moč; je družbena moč

so when capital is converted into social property, personal property is not thereby transformed into social property
Ko se torej kapital pretvori v družbeno lastnino, se osebna lastnina s tem ne spremeni v družbeno lastnino

It is only the social character of the property that is changed, and loses its class-character
Spremeni se le družbeni značaj lastnine, ki izgubi svoj razredni značaj

Let us now look at wage-labour
Poglejmo si zdaj mezdno delo

The average price of wage-labour is the minimum wage, i.e., that quantum of the means of subsistence
Povprečna cena mezdnega dela je minimalna plača, tj. količina sredstev za preživljanje

this wage is absolutely requisite in bare existence as a labourer
Ta plača je absolutno potrebna za goli obstoj delavca

What, therefore, the wage-labourer appropriates by means of his labour, merely suffices to prolong and reproduce a bare existence
Kar si torej mezdni delavec prilasti s svojim delom, zadostuje le za podaljšanje in reprodukcijo golega obstoja

We by no means intend to abolish this personal appropriation of the products of labour

Nikakor ne nameravamo odpraviti tega osebnega prilaščanja proizvodov dela
an appropriation that is made for the maintenance and reproduction of human life
sredstva, ki se namenjajo za vzdrževanje in razmnoževanje človeškega življenja
such personal appropriation of the products of labour leave no surplus wherewith to command the labour of others
takšno osebno prisvajanje proizvodov dela ne pušča presežka, s katerim bi lahko nadzorovali delo drugih
All that we want to do away with, is the miserable character of this appropriation
Vse, kar želimo odpraviti, je bedni značaj te prisvojitve
the appropriation under which the labourer lives merely to increase capital
prisvojitev, pod katero delavec živi samo za povečanje kapitala
he is allowed to live only in so far as the interest of the ruling class requires it
Dovoljeno mu je živeti le, kolikor to zahtevajo interesi vladajočega razreda
In Bourgeoisie society, living labour is but a means to increase accumulated labour
V buržoazni družbi je živa delovna sila le sredstvo za povečanje nakopičenega dela
In Communist society, accumulated labour is but a means to widen, to enrich, to promote the existence of the labourer
V komunistični družbi je nakopičeno delo le sredstvo za razširitev, obogatitev in spodbujanje obstoja delavca
In Bourgeoisie society, therefore, the past dominates the present
V buržoazni družbi torej preteklost prevladuje nad sedanjostjo
In Communist society the present dominates the past
v komunistični družbi sedanjost prevladuje nad preteklostjo
In Bourgeoisie society capital is independent and has individuality
V buržoazijski družbi je kapital neodvisen in ima individualnost
In Bourgeoisie society the living person is dependent and has no individuality
V buržoazni družbi je živa oseba odvisna in nima individualnosti
And the abolition of this state of things is called by the Bourgeoisie, abolition of individuality and freedom!

In odpravo tega stanja stvari buržoazija imenuje odprava individualnosti in svobode!
And it is rightly called the abolition of individuality and freedom!
In upravičeno se imenuje odprava individualnosti in svobode!
Communism aims for the abolition of Bourgeoisie individuality
Komunizem si prizadeva za odpravo buržoazne individualnosti
Communism intends for the abolition of Bourgeoisie independence
Komunizem namerava odpraviti neodvisnost buržoazije
Bourgeoisie freedom is undoubtedly what communism is aiming at
Buržoazna svoboda je nedvomno tisto, k čemur si prizadeva komunizem
under the present Bourgeoisie conditions of production, freedom means free trade, free selling and buying
v sedanjih buržoaznih proizvodnih pogojih svoboda pomeni prosto trgovino, prosto prodajo in nakup
But if selling and buying disappears, free selling and buying also disappears
Če pa prodaja in nakup izginejo, izgineta tudi prosta prodaja in nakup
"brave words" by the Bourgeoisie about free selling and buying only have meaning in a limited sense
»Pogumne besede« buržoazije o prosti prodaji in nakupu imajo pomen le v omejenem smislu
these words have meaning only in contrast with restricted selling and buying
Te besede imajo pomen le v nasprotju z omejeno prodajo in nakupom
and these words have meaning only when applied to the fettered traders of the Middle Ages
in te besede imajo pomen le, če se nanašajo na priklenjene trgovce srednjega veka
and that assumes these words even have meaning in a Bourgeoisie sense
in to predpostavlja, da imajo te besede pomen celo v buržoaznem smislu
but these words have no meaning when they're being used to oppose the Communistic abolition of buying and selling
vendar te besede nimajo pomena, ko se uporabljajo za nasprotovanje komunistični odpravi nakupa in prodaje

the words have no meaning when they're being used to oppose the Bourgeoisie conditions of production being abolished
besede nimajo pomena, ko se uporabljajo za nasprotovanje odpravi buržoaznih pogojev proizvodnje
and they have no meaning when they're being used to oppose the Bourgeoisie itself being abolished
in nimajo nobenega pomena, ko se uporabljajo za nasprotovanje odpravi buržoazije same
You are horrified at our intending to do away with private property
Zgroženi ste, da nameravamo odpraviti zasebno lastnino
But in your existing society, private property is already done away with for nine-tenths of the population
Toda v vaši obstoječi družbi je zasebna lastnina že odpravljena za devet desetin prebivalstva
the existence of private property for the few is solely due to its non-existence in the hands of nine-tenths of the population
Obstoj zasebne lastnine za peščico je izključno posledica njenega neobstoja v rokah devetih desetin prebivalstva
You reproach us, therefore, with intending to do away with a form of property
Zato nam očitate, da nameravamo odpraviti neko obliko lastnine
but private property necessitates the non-existence of any property for the immense majority of society
vendar zasebna lastnina zahteva neobstoj kakršne koli lastnine za ogromno večino družbe
In one word, you reproach us with intending to do away with your property
Z eno besedo, očitate nam, da nameravamo odpraviti vašo lastnino
And it is precisely so; doing away with your Property is just what we intend
In prav tako je; odprava vaše nepremičnine je ravno tisto, kar nameravamo
From the moment when labour can no longer be converted into capital, money, or rent
Od trenutka, ko dela ni več mogoče pretvoriti v kapital, denar ali rento
when labour can no longer be converted into a social power capable of being monopolised

ko dela ni več mogoče spremeniti v družbeno moč, ki bi jo bilo mogoče monopolizirati
from the moment when individual property can no longer be transformed into Bourgeoisie property
od trenutka, ko individualne lastnine ni več mogoče preoblikovati v buržoazno lastnino
from the moment when individual property can no longer be transformed into capital
od trenutka, ko individualne lastnine ni več mogoče preoblikovati v kapital
from that moment, you say individuality vanishes
Od tistega trenutka pravite, da individualnost izgine
You must, therefore, confess that by "individual" you mean no other person than the Bourgeoisie
Zato morate priznati, da z »posameznikom« ne mislite na nikogar drugega kot na buržoazijo
you must confess it specifically refers to the middle-class owner of property
priznati morate, da se posebej nanaša na lastnika nepremičnine srednjega razreda
This person must, indeed, be swept out of the way, and made impossible
To osebo je res treba odstraniti s poti in onemogočiti
Communism deprives no man of the power to appropriate the products of society
Komunizem nikomur ne odvzame moči, da bi si prisvojil izdelke družbe
all that Communism does is to deprive him of the power to subjugate the labour of others by means of such appropriation
vse, kar komunizem počne, je, da mu odvzame moč, da bi s takšno prisvojitvijo podredil delo drugih
It has been objected that upon the abolition of private property all work will cease
Ugovarjali so, da bo z odpravo zasebne lastnine prenehalo vsa dela
and it is then suggested that universal laziness will overtake us
in nato se predlaga, da nas bo prehitela univerzalna lenoba
According to this, Bourgeoisie society ought long ago to have gone to the dogs through sheer idleness
V skladu s tem bi morala buržoazna družba že zdavnaj iti k psom zaradi čiste brezdelja

because those of its members who work, acquire nothing
ker tisti člani, ki delajo, ne pridobijo ničesar
and those of its members who acquire anything, do not work
in tisti njeni člani, ki karkoli pridobijo, ne delajo
The whole of this objection is but another expression of the tautology
Celoten ta ugovor je le še en izraz tavtologije
there can no longer be any wage-labour when there is no longer any capital
Ne more več biti plačanega dela, ko ni več kapitala
there is no difference between material products and mental products
Ni razlike med materialnimi in mentalnimi produkti
communism proposes both of these are produced in the same way
Komunizem predlaga, da se oboje proizvede na enak način
but the objections against the Communistic modes of producing these are the same
vendar so ugovori proti komunističnim načinom njihovega ustvarjanja enaki
to the Bourgeoisie the disappearance of class property is the disappearance of production itself
za buržoazijo je izginotje razredne lastnine izginotje same proizvodnje
so the disappearance of class culture is to him identical with the disappearance of all culture
Torej je izginotje razredne kulture zanj enako kot izginotje vse kulture
That culture, the loss of which he laments, is for the enormous majority a mere training to act as a machine
Ta kultura, katere izgubo obžaluje, je za veliko večino zgolj usposabljanje za delovanje kot stroj
Communists very much intend to abolish the culture of Bourgeoisie property
Komunisti močno nameravajo odpraviti kulturo buržoazne lastnine
But don't wrangle with us so long as you apply the standard of your Bourgeoisie notions of freedom, culture, law, etc
Toda ne prepirajte se z nami, dokler uporabljate standard svojih buržoaznih predstav o svobodi, kulturi, zakonodaji itd
Your very ideas are but the outgrowth of the conditions of your Bourgeoisie production and Bourgeoisie property

Vaše ideje so le posledica pogojev vaše buržoazne proizvodnje in buržoazne lastnine

just as your jurisprudence is but the will of your class made into a law for all

tako kot je vaša sodna praksa le volja vašega razreda, ki je postala zakon za vse

the essential character and direction of this will are determined by the economical conditions your social class create

Bistveni značaj in smer te volje sta določena z ekonomskimi pogoji, ki jih ustvarja vaš družbeni razred

The selfish misconception that induces you to transform social forms into eternal laws of nature and of reason

Sebična napačna predstava, ki vas spodbuja, da družbene oblike spremenite v večne zakone narave in razuma

the social forms springing from your present mode of production and form of property

družbene oblike, ki izvirajo iz vašega sedanjega načina proizvodnje in oblike lastnine,

historical relations that rise and disappear in the progress of production

zgodovinski odnosi, ki se dvigajo in izginjajo v napredku proizvodnje

this misconception you share with every ruling class that has preceded you

To napačno prepričanje delite z vsakim vladajočim razredom, ki je bil pred vami

What you see clearly in the case of ancient property, what you admit in the case of feudal property

Kaj jasno vidite v primeru starodavne lastnine, kaj priznavate v primeru fevdalne lastnine

these things you are of course forbidden to admit in the case of your own Bourgeoisie form of property

te stvari vam je seveda prepovedano priznati v primeru vaše lastne buržoazne oblike lastnine

Abolition of the family! Even the most radical flare up at this infamous proposal of the Communists

Odprava družine! Celo najbolj radikalni se razplamtijo ob tem zloglasnem predlogu komunistov

On what foundation is the present family, the Bourgeoisie family, based?

Na kakšnih temeljih temelji sedanja družina, buržoazna družina?

the foundation of the present family is based on capital and private gain
Temelj sedanje družine temelji na kapitalu in zasebnem dobičku
In its completely developed form this family exists only among the Bourgeoisie
V svoji popolnoma razviti obliki ta družina obstaja le med buržoazijo
this state of things finds its complement in the practical absence of the family among the proletarians
To stanje stvari najde svoje dopolnilo v praktični odsotnosti družine med proletarci
this state of things can be found in public prostitution
Takšno stanje stvari je mogoče najti v javni prostituciji
The Bourgeoisie family will vanish as a matter of course when its complement vanishes
Buržoazna družina bo izginila kot nekaj samoumevnega, ko bo izginilo njeno dopolnilo
and both of these will will vanish with the vanishing of capital
in oboje bo izginilo z izginotjem kapitala
Do you charge us with wanting to stop the exploitation of children by their parents?
Ali nas obtožujete, da želimo ustaviti izkoriščanje otrok s strani njihovih staršev?
To this crime we plead guilty
Za ta zločin priznavamo krivdo
But, you will say, we destroy the most hallowed of relations, when we replace home education by social education
Ampak, rekli boste, uničujemo najbolj svete odnose, ko zamenjamo domačo vzgojo s socialno vzgojo
is your education not also social? And is it not determined by the social conditions under which you educate?
Ali vaša izobrazba ni tudi socialna? In ali ni določena s socialnimi razmerami, v katerih izobražujete?
by the intervention, direct or indirect, of society, by means of schools, etc.
z neposrednim ali posrednim posredovanjem družbe, s pomočjo šol itd.
The Communists have not invented the intervention of society in education
Komunisti niso izumili družbenega posredovanja v izobraževanju
they do but seek to alter the character of that intervention

poskušajo le spremeniti naravo tega posredovanja
and they seek to rescue education from the influence of the ruling class
in poskušajo rešiti izobraževanje pred vplivom vladajočega razreda
The Bourgeoisie talk of the hallowed co-relation of parent and child
Buržoazija govori o posvečenem sorazmerju med staršem in otrokom
but this clap-trap about the family and education becomes all the more disgusting when we look at Modern Industry
toda ta ploskanje o družini in izobrazbi postane še bolj gnusno, ko pogledamo sodobno industrijo
all family ties among the proletarians are torn asunder by modern industry
vse družinske vezi med proletarci so raztrgane zaradi sodobne industrije
their children are transformed into simple articles of commerce and instruments of labour
njihovi otroci se spremenijo v preproste predmete trgovine in delovna orodja
But you Communists would create a community of women, screams the whole Bourgeoisie in chorus
Ampak vi komunisti bi ustvarili skupnost žensk, kriči vsa buržoazija v zboru
The Bourgeoisie sees in his wife a mere instrument of production
Buržoazija vidi v svoji ženi zgolj orodje za proizvodnjo
He hears that the instruments of production are to be exploited by all
Sliši, da morajo proizvodna orodja izkoriščati vsi
and, naturally, he can come to no other conclusion than that the lot of being common to all will likewise fall to women
in seveda ne more priti do drugega zaključka, kot da bo usoda skupnega vsem prav tako pripadla ženskam
He has not even a suspicion that the real point is to do away with the status of women as mere instruments of production
Niti ne sumi, da je resnični smisel odpraviti status žensk kot zgolj proizvodnih instrumentov
For the rest, nothing is more ridiculous than the virtuous indignation of our Bourgeoisie at the community of women

Za ostalo ni nič bolj smešnega kot krepostno ogorčenje naše buržoazije nad skupnostjo žensk
they pretend it is to be openly and officially established by the Communists
pretvarjajo se, da so jo odkrito in uradno ustanovili komunisti
The Communists have no need to introduce community of women, it has existed almost from time immemorial
Komunisti nimajo potrebe po uvajanju skupnosti žensk, obstaja skoraj od nekdaj.
Our Bourgeoisie are not content with having the wives and daughters of their proletarians at their disposal
Naša buržoazija ni zadovoljna s tem, da ima na razpolago žene in hčere svojih proletarcev
they take the greatest pleasure in seducing each other's wives
Najbolj uživajo v zapeljevanju žena drug drugega
and that is not even to speak of common prostitutes
In to sploh ne omenjam navadnih prostitutk
Bourgeoisie marriage is in reality a system of wives in common
Buržoazna poroka je v resnici sistem skupnih žena
then there is one thing that the Communists might possibly be reproached with
potem obstaja ena stvar, ki bi jo komunisti lahko očitali
they desire to introduce an openly legalised community of women
želijo uvesti odkrito legalizirano skupnost žensk
rather than a hypocritically concealed community of women
namesto hinavsko prikrite skupnosti žensk
the community of women springing from the system of production
skupnost žensk, ki izhaja iz sistema proizvodnje
abolish the system of production, and you abolish the community of women
odpravite sistem proizvodnje in odpravite skupnost žensk
both public prostitution is abolished, and private prostitution
odpravljena je javna prostitucija in zasebna prostitucija
The Communists are further more reproached with desiring to abolish countries and nationality
Komunistom se še bolj očita, da želijo ukiniti države in narodnost
The working men have no country, so we cannot take from them what they have not got
Delavci nimajo države, zato jim ne moremo vzeti tistega, česar nimajo

the proletariat must first of all acquire political supremacy
Proletariat mora najprej pridobiti politično prevlado
the proletariat must rise to be the leading class of the nation
Proletariat se mora povzpeti v vodilni razred naroda
the proletariat must constitute itself the nation
Proletariat se mora ustanoviti kot narod
it is, so far, itself national, though not in the Bourgeoisie sense of the word
zaenkrat je tudi sama nacionalna, čeprav ne v buržoaznem pomenu besede
National differences and antagonisms between peoples are daily more and more vanishing
Nacionalne razlike in antagonizmi med narodi vsak dan vse bolj izginjajo
owing to the development of the Bourgeoisie, to freedom of commerce, to the world-market
zaradi razvoja buržoazije, svobode trgovine, svetovnega trga
to uniformity in the mode of production and in the conditions of life corresponding thereto
do izenačenosti načina proizvodnje in življenjskih pogojev, ki mu ustrezajo
The supremacy of the proletariat will cause them to vanish still faster
Prevlada proletariata bo povzročila, da bodo še hitreje izginili
United action, of the leading civilised countries at least, is one of the first conditions for the emancipation of the proletariat
Združeno delovanje, vsaj vodilnih civiliziranih držav, je eden prvih pogojev za emancipacijo proletariata
In proportion as the exploitation of one individual by another is put an end to, the exploitation of one nation by another will also be put an end to
Sorazmerno z izkoriščanjem enega posameznika s strani drugega se bo končalo, se bo končalo tudi izkoriščanje enega naroda s strani drugega
In proportion as the antagonism between classes within the nation vanishes, the hostility of one nation to another will come to an end
Sorazmerno s tem, ko bo sovražnost med razredi znotraj naroda izginila, se bo sovražnost enega naroda do drugega končala

The charges against Communism made from a religious, a philosophical, and, generally, from an ideological standpoint, are not deserving of serious examination

Obtožbe proti komunizmu z verskega, filozofskega in na splošno z ideološkega stališča si ne zaslužijo resne preučitve

Does it require deep intuition to comprehend that man's ideas, views and conceptions changes with every change in the conditions of his material existence?

Ali je potrebna globoka intuicija, da bi razumeli, da se človekove ideje, pogledi in pojmovanja spreminjajo z vsako spremembo pogojev njegovega materialnega obstoja?

is it not obvious that man's consciousness changes when his social relations and his social life changes?

Ali ni očitno, da se človekova zavest spremeni, ko se spremenijo njegovi družbeni odnosi in njegovo družbeno življenje?

What else does the history of ideas prove, than that intellectual production changes its character in proportion as material production is changed?

Kaj drugega dokazuje zgodovina idej, kot da intelektualna proizvodnja spreminja svoj značaj sorazmerno s spreminjanjem materialne proizvodnje?

The ruling ideas of each age have ever been the ideas of its ruling class

Vladajoče ideje vsake dobe so bile vedno ideje vladajočega razreda

When people speak of ideas that revolutionise society, they do but express one fact

Ko ljudje govorijo o idejah, ki revolucionirajo družbo, izražajo le eno dejstvo

within the old society, the elements of a new one have been created

V stari družbi so bili ustvarjeni elementi nove

and that the dissolution of the old ideas keeps even pace with the dissolution of the old conditions of existence

in da razpad starih idej sledi razkroju starih pogojev obstoja

When the ancient world was in its last throes, the ancient religions were overcome by Christianity

Ko je bil starodavni svet v zadnjih mukah, je krščanstvo premagalo starodavne religije

When Christian ideas succumbed in the 18th century to rationalist ideas, feudal society fought its death battle with the then revolutionary Bourgeoisie
Ko so krščanske ideje v 18. stoletju podlegle racionalističnim idejam, se je fevdalna družba borila s takratno revolucionarno buržoazijo
The ideas of religious liberty and freedom of conscience merely gave expression to the sway of free competition within the domain of knowledge
Ideje o verski svobodi in svobodi vesti so le izrazile vpliv svobodne konkurence na področju znanja
"Undoubtedly," it will be said, "religious, moral, philosophical and juridical ideas have been modified in the course of historical development"
»Nedvomno,« bo rečeno, »so se verske, moralne, filozofske in pravne ideje med zgodovinskim razvojem spremenile«
"But religion, morality philosophy, political science, and law, constantly survived this change"
"Toda religija, moralna filozofija, politična znanost in pravo so nenehno preživeli to spremembo"
"There are also eternal truths, such as Freedom, Justice, etc"
"Obstajajo tudi večne resnice, kot so svoboda, pravičnost itd."
"these eternal truths are common to all states of society"
"Te večne resnice so skupne vsem družbenim stanjem"
"But Communism abolishes eternal truths, it abolishes all religion, and all morality"
"Toda komunizem odpravlja večne resnice, odpravlja vso religijo in vso moralo"
"it does this instead of constituting them on a new basis"
"to počne, namesto da bi jih sestavil na novi osnovi"
"it therefore acts in contradiction to all past historical experience"
"Zato deluje v nasprotju z vsemi preteklimi zgodovinskimi izkušnjami"
What does this accusation reduce itself to?
Na kaj se ta obtožba omejuje?
The history of all past society has consisted in the development of class antagonisms
Zgodovina vse pretekle družbe je bila sestavljena iz razvoja razrednih nasprotij
antagonisms that assumed different forms at different epochs
antagonizmi, ki so v različnih obdobjih prevzeli različne oblike

But whatever form they may have taken, one fact is common to all past ages
Toda ne glede na to, kakšno obliko so imeli, je eno dejstvo skupno vsem preteklim obdobjem
the exploitation of one part of society by the other
izkoriščanje enega dela družbe s strani drugega
No wonder, then, that the social consciousness of past ages moves within certain common forms, or general ideas
Zato ni čudno, da se družbena zavest preteklih obdobij giblje znotraj določenih skupnih oblik ali splošnih idej
(and that is despite all the multiplicity and variety it displays)
(in to kljub vsej raznolikosti in raznolikosti, ki jo prikazuje)
and these cannot completely vanish except with the total disappearance of class antagonisms
in ti ne morejo popolnoma izginiti, razen s popolnim izginotjem razrednih nasprotij
The Communist revolution is the most radical rupture with traditional property relations
Komunistična revolucija je najbolj radikalen prelom s tradicionalnimi lastninskimi razmerji
no wonder that its development involves the most radical rupture with traditional ideas
Nič čudnega, da njegov razvoj vključuje najbolj radikalen prelom s tradicionalnimi idejami
But let us have done with the Bourgeoisie objections to Communism
Toda končajmo z ugovori buržoazije proti komunizmu
We have seen above the first step in the revolution by the working class
Zgoraj smo videli prvi korak v revoluciji delavskega razreda
proletariat has to be raised to the position of ruling, to win the battle of democracy
Proletariat je treba dvigniti v položaj vladanja, da bi zmagal v bitki za demokracijo
The proletariat will use its political supremacy to wrest, by degrees, all capital from the Bourgeoisie
Proletariat bo uporabil svojo politično prevlado, da bo postopoma iztrgal ves kapital iz buržoazije
it will centralise all instruments of production in the hands of the State

centralizirala bo vse proizvodne instrumente v rokah države
in other words, the proletariat organised as the ruling class
z drugimi besedami, proletariat se je organiziral kot vladajoči razred
and it will increase the total of productive forces as rapidly as possible
in čim hitreje bo povečala skupno proizvodno silo
Of course, in the beginning, this cannot be effected except by means of despotic inroads on the rights of property
Seveda se to na začetku ne more doseči drugače kot z despotskimi posegi v lastninske pravice
and it has to be achieved on the conditions of Bourgeoisie production
in to je treba doseči v pogojih buržoazijske proizvodnje
it is achieved by means of measures, therefore, which appear economically insufficient and untenable
To se torej doseže z ukrepi, ki se zdijo ekonomsko nezadostni in nevzdržni
but these means, in the course of the movement, outstrip themselves
Toda ta sredstva v teku gibanja presegajo sama sebe
they necessitate further inroads upon the old social order
zahtevajo nadaljnje posege v stari družbeni red
and they are unavoidable as a means of entirely revolutionising the mode of production
in so neizogibni kot sredstvo za popolno revolucijo načina proizvodnje
These measures will of course be different in different countries
Ti ukrepi se bodo seveda v različnih državah razlikovali
Nevertheless in the most advanced countries, the following will be pretty generally applicable
Kljub temu bo v najnaprednejših državah na splošno veljalo naslednje:
1. Abolition of property in land and application of all rents of land to public purposes.
1. Odprava premoženja na zemljišču in uporaba vseh najemnin za zemljišča za javne namene.
2. A heavy progressive or graduated income tax.
2. Velik progresivni ali stopnjevani davek na dohodek.
3. Abolition of all right of inheritance.
3. Odprava vsakršne pravice do dedovanja.

4. Confiscation of the property of all emigrants and rebels.
4. Zaplemba premoženja vseh izseljencev in upornikov.
5. Centralisation of credit in the hands of the State, by means of a national bank with State capital and an exclusive monopoly.
5. Centralizacija kreditov v rokah države prek nacionalne banke z državnim kapitalom in izključnim monopolom.
6. Centralisation of the means of communication and transport in the hands of the State.
6. Centralizacija komunikacijskih in prevoznih sredstev v rokah države.
7. Extension of factories and instruments of production owned by the State
7. Razširitev tovarn in proizvodnih instrumentov v lasti države
the bringing into cultivation of waste-lands, and the improvement of the soil generally in accordance with a common plan.
obdelovanje odpadnih zemljišč in izboljšanje tal na splošno v skladu s skupnim načrtom.
8. Equal liability of all to labour
8. Enaka odgovornost vseh do dela
Establishment of industrial armies, especially for agriculture.
Ustanovitev industrijske vojske, zlasti za kmetijstvo.
9. Combination of agriculture with manufacturing industries
9. Združevanje kmetijstva s predelovalno industrijo
gradual abolition of the distinction between town and country, by a more equable distribution of the population over the country.
postopna odprava razlikovanja med mestom in podeželjem z bolj enakomerno porazdelitvijo prebivalstva po državi.
10. Free education for all children in public schools.
10. Brezplačno izobraževanje za vse otroke v javnih šolah.
Abolition of children's factory labour in its present form
Odprava tovarniškega dela otrok v sedanji obliki
Combination of education with industrial production
Kombinacija izobraževanja z industrijsko proizvodnjo
When, in the course of development, class distinctions have disappeared
Ko so med razvojem razredne razlike izginile
and when all production has been concentrated in the hands of a vast association of the whole nation
in ko je bila vsa proizvodnja skoncentrirana v rokah širokega združenja celotnega naroda

then the public power will lose its political character
Potem bo javna oblast izgubila svoj politični značaj
Political power, properly so called, is merely the organised power of one class for oppressing another
Politična moč, pravilno imenovana, je le organizirana moč enega razreda za zatiranje drugega
If the proletariat during its contest with the Bourgeoisie is compelled, by the force of circumstances, to organise itself as a class
Če je proletariat med svojim tekmovanjem z buržoazijo prisiljen zaradi sile okoliščin organizirati se kot razred
if, by means of a revolution, it makes itself the ruling class
če se z revolucijo spremeni v vladajoči razred
and, as such, it sweeps away by force the old conditions of production
in kot taka s silo odstrani stare proizvodne pogoje
then it will, along with these conditions, have swept away the conditions for the existence of class antagonisms and of classes generally
potem bo skupaj s temi pogoji odstranila pogoje za obstoj razrednih nasprotij in razredov na splošno
and will thereby have abolished its own supremacy as a class.
in bo s tem odpravila svojo lastno prevlado kot razred.
In place of the old Bourgeoisie society, with its classes and class antagonisms, we shall have an association
Namesto stare buržoazne družbe z njenimi razredi in razrednimi nasprotji bomo imeli združenje
an association in which the free development of each is the condition for the free development of all
združenje, v katerem je svoboden razvoj vsakega pogoj za svoboden razvoj vseh

1) Reactionary Socialism
1) Reakcionarni socializem

a) Feudal Socialism
a) Fevdalni socializem

the aristocracies of France and England had a unique historical position
aristokracije Francije in Anglije so imele edinstven zgodovinski položaj
it became their vocation to write pamphlets against modern Bourgeoisie society
postala je njihova poklicanost, da pišejo brošure proti sodobni buržoazni družbi
In the French revolution of July 1830, and in the English reform agitation
V francoski revoluciji julija 1830 in v angleški reformni agitaciji
these aristocracies again succumbed to the hateful upstart
Te aristokracije so spet podlegle sovražnemu začetniku
Thenceforth, a serious political contest was altogether out of the question
Od takrat naprej resno politično tekmovanje sploh ne pride v poštev
All that remained possible was literary battle, not an actual battle
Vse, kar je ostalo mogoče, je bila literarna bitka, ne dejanska bitka
But even in the domain of literature the old cries of the restoration period had become impossible
Toda tudi na področju literature so stari kriki iz obdobja obnove postali nemogoči
In order to arouse sympathy, the aristocracy were obliged to lose sight, apparently, of their own interests
Da bi vzbudila sočutje, je bila aristokracija prisiljena pozabiti na svoje interese
and they were obliged to formulate their indictment against the Bourgeoisie in the interest of the exploited working class
in morali so oblikovati svojo obtožnico proti buržoaziji v interesu izkoriščanega delavskega razreda
Thus the aristocracy took their revenge by singing lampoons on their new master
Tako se je aristokracija maščevala s petjem posmehov svojemu novemu gospodarju

and they took their revenge by whispering in his ears sinister prophecies of coming catastrophe
in maščevali so se tako, da so mu v ušesa šepetali zloveščе prerokbe o prihajajoči katastrofi
In this way arose Feudal Socialism: half lamentation, half lampoon
Tako je nastal fevdalni socializem: napol žalovanje, napol poniževanje
it rung as half echo of the past, and projected half menace of the future
odmeval je kot pol odmev preteklosti in napol projiciral grožnjo prihodnosti
at times, by its bitter, witty and incisive criticism, it struck the Bourgeoisie to the very heart's core
včasih je s svojo grenko, duhovito in ostro kritiko udaril buržoazijo do samega srca
but it was always ludicrous in its effect, through total incapacity to comprehend the march of modern history
vendar je bil vedno smešen v svojem učinku, zaradi popolne nezmožnosti, da bi razumel pohod sodobne zgodovine
The aristocracy, in order to rally the people to them, waved the proletarian alms-bag in front for a banner
Aristokracija, da bi zbrala ljudstvo, je spredaj mahala s proletarsko miloščino za prapor
But the people, so often as it joined them, saw on their hindquarters the old feudal coats of arms
Toda ljudstvo je tako pogosto, ko se jim je pridružilo, na zadnjem delu videlo stare fevdalne grbe
and they deserted with loud and irreverent laughter
in dezertirali so z glasnim in nespoštljivim smehom
One section of the French Legitimists and "Young England" exhibited this spectacle
En del francoskih legitimistov in "Mlade Anglije" je razstavljal ta spektakel
the feudalists pointed out that their mode of exploitation was different to that of the Bourgeoisie
fevdalisti so poudarili, da je njihov način izkoriščanja drugačen od načina buržoazije
the feudalists forget that they exploited under circumstances and conditions that were quite different

Fevdalisti pozabljajo, da so izkoriščali v okoliščinah in pogojih, ki so bili precej drugačni
and they didn't notice such methods of exploitation are now antiquated
In niso opazili, da so takšne metode izkoriščanja zdaj zastarele
they showed that, under their rule, the modern proletariat never existed
Pokazali so, da pod njihovo vladavino sodobni proletariat nikoli ni obstajal
but they forget that the modern Bourgeoisie is the necessary offspring of their own form of society
vendar pozabljajo, da je sodobna buržoazija nujen potomec njihove lastne oblike družbe
For the rest, they hardly conceal the reactionary character of their criticism
Za ostalo komaj skrivajo reakcionarni značaj svoje kritike
their chief accusation against the Bourgeoisie amounts to the following
njihova glavna obtožba proti buržoaziji je naslednja
under the Bourgeoisie regime a social class is being developed
pod buržoaznim režimom se razvija družbeni razred
this social class is destined to cut up root and branch the old order of society
temu družbenemu razredu je usojeno, da razreže korenine in razveje stari družbeni red
What they upbraid the Bourgeoisie with is not so much that it creates a proletariat
Z čim grajajo buržoazijo, ni toliko to, da ustvarja proletariat
what they upbraid the Bourgeoisie with is moreso that it creates a revolutionary proletariat
s čimer grajajo buržoazijo, je še bolj, da ustvarja revolucionarni proletariat
In political practice, therefore, they join in all coercive measures against the working class
V politični praksi se zato pridružujejo vsem prisilnim ukrepom proti delavskemu razredu
and in ordinary life, despite their highfalutin phrases, they stoop to pick up the golden apples dropped from the tree of industry
in v vsakdanjem življenju se kljub svojim vzvišenim stavkom sklonijo, da bi pobrali zlata jabolka, ki so padla z drevesa industrije

and they barter truth, love, and honour for commerce in wool, beetroot-sugar, and potato spirits
in menjajo resnico, ljubezen in čast za trgovino z volno, sladkorjem iz rdeče pese in žganjem krompirja

As the parson has ever gone hand in hand with the landlord, so has Clerical Socialism with Feudal Socialism
Tako kot je župnik vedno šel z roko v roki z lastnikom, je tudi klerikalni socializem s fevdalnim socializmom

Nothing is easier than to give Christian asceticism a Socialist tinge
Nič ni lažjega kot dati krščanskemu asketizmu socialistični pridih

Has not Christianity declaimed against private property, against marriage, against the State?
Ali ni krščanstvo proti zasebni lastnini, proti poroki, proti državi?

Has Christianity not preached in the place of these, charity and poverty?
Ali ni krščanstvo pridigalo namesto teh, ljubezni in revščine?

Does Christianity not preach celibacy and mortification of the flesh, monastic life and Mother Church?
Ali krščanstvo ne pridiga o celibatu in mrtvičenju mesa, meniškem življenju in materi Cerkvi?

Christian Socialism is but the holy water with which the priest consecrates the heart-burnings of the aristocrat
Krščanski socializem je le sveta voda, s katero duhovnik posvećuje goreče srce aristokrata

b) Petty-Bourgeois Socialism
b) Maloburžoazni socializem

The feudal aristocracy was not the only class that was ruined by the Bourgeoisie
Fevdalna aristokracija ni bila edini razred, ki ga je uničila buržoazija
it was not the only class whose conditions of existence pined and perished in the atmosphere of modern Bourgeoisie society
ni bil edini razred, katerega pogoji obstoja so hrepeneli in izginili v ozračju sodobne buržoazne družbe
The medieval burgesses and the small peasant proprietors were the precursors of the modern Bourgeoisie
Srednjeveški meščani in mali kmečki lastniki so bili predhodniki sodobne buržoazije
In those countries which are but little developed, industrially and commercially, these two classes still vegetate side by side
V tistih državah, ki so industrijsko in komercialno le malo razvite, ta dva razreda še vedno vegetirata drug ob drugem
and in the meantime the Bourgeoisie rise up next to them: industrially, commercially, and politically
medtem pa se poleg njih dvigne buržoazija: industrijsko, komercialno in politično
In countries where modern civilisation has become fully developed, a new class of petty Bourgeoisie has been formed
V državah, kjer je sodobna civilizacija postala popolnoma razvita, se je oblikoval nov razred drobne buržoazije
this new social class fluctuates between proletariat and Bourgeoisie
ta novi družbeni razred niha med proletariatom in buržoazijo
and it is ever renewing itself as a supplementary part of Bourgeoisie society
in se vedno obnavlja kot dopolnilni del buržoazne družbe
The individual members of this class, however, are being constantly hurled down into the proletariat
Posamezni člani tega razreda pa so nenehno vrženi v proletariat
they are sucked up by the proletariat through the action of competition
Proletariat jih sesa z delovanjem konkurence

as modern industry develops they even see the moment approaching when they will completely disappear as an independent section of modern society
Ko se sodobna industrija razvija, se približuje celo trenutek, ko bodo popolnoma izginili kot neodvisen del sodobne družbe
they will be replaced, in manufactures, agriculture and commerce, by overlookers, bailiffs and shopmen
v manufakturah, kmetijstvu in trgovini jih bodo nadomestili nadzorniki, sodni izvršitelji in trgovci
In countries like France, where the peasants constitute far more than half of the population
V državah, kot je Francija, kjer kmetje predstavljajo veliko več kot polovico prebivalstva
it was natural that there there are writers who sided with the proletariat against the Bourgeoisie
naravno je bilo, da obstajajo pisatelji, ki so se postavili na stran proletariata proti buržoaziji
in their criticism of the Bourgeoisie regime they used the standard of the peasant and petty Bourgeoisie
v svoji kritiki buržoaznega režima so uporabili standard kmečke in drobne buržoazije
and from the standpoint of these intermediate classes they take up the cudgels for the working class
in s stališča teh vmesnih razredov prevzamejo palico za delavski razred
Thus arose petty-Bourgeoisie Socialism, of which Sismondi was the head of this school, not only in France but also in England
Tako je nastal maloburžoazni socializem, katerega vodja je bil Sismondi v tej šoli, ne samo v Franciji, ampak tudi v Angliji
This school of Socialism dissected with great acuteness the contradictions in the conditions of modern production
Ta šola socializma je z veliko ostrino secirala protislovja v pogojih sodobne proizvodnje
This school laid bare the hypocritical apologies of economists
Ta šola je razkrila hinavska opravičila ekonomistov
This school proved, incontrovertibly, the disastrous effects of machinery and division of labour
Ta šola je nesporno dokazala katastrofalne učinke strojev in delitve dela
it proved the concentration of capital and land in a few hands

dokazal je koncentracijo kapitala in zemlje v nekaj rokah
it proved how overproduction leads to Bourgeoisie crises
dokazalo je, kako prekomerna proizvodnja vodi v buržoazijske krize
it pointed out the inevitable ruin of the petty Bourgeoisie and peasant
opozoril je na neizogiben propad drobne buržoazije in kmetov
the misery of the proletariat, the anarchy in production, the crying inequalities in the distribution of wealth
beda proletariata, anarhija v proizvodnji, kričeče neenakosti pri porazdelitvi bogastva
it showed how the system of production leads the industrial war of extermination between nations
Pokazal je, kako proizvodni sistem vodi industrijsko vojno za iztrebljanje med narodi
the dissolution of old moral bonds, of the old family relations, of the old nationalities
razpad starih moralnih vezi, starih družinskih odnosov, starih narodnosti
In its positive aims, however, this form of Socialism aspires to achieve one of two things
V svojih pozitivnih ciljih pa si ta oblika socializma prizadeva doseči eno od dveh stvari
either it aims to restore the old means of production and of exchange
ali je njen cilj obnoviti stara proizvodna in menjalna sredstva
and with the old means of production it would restore the old property relations, and the old society
in s starimi proizvodnimi sredstvi bi obnovila stara lastninska razmerja in staro družbo
or it aims to cramp the modern means of production and exchange into the old framework of the property relations
ali pa si prizadeva sodobna proizvodna in menjalna sredstva stisniti v stari okvir lastninskih razmerij
In either case, it is both reactionary and Utopian
V obeh primerih je reakcionarna in utopična
Its last words are: corporate guilds for manufacture, patriarchal relations in agriculture
Njegove zadnje besede so: korporativni cehi za proizvodnjo, patriarhalni odnosi v kmetijstvu

Ultimately, when stubborn historical facts had dispersed all intoxicating effects of self-deception
Konec koncev, ko so trmasta zgodovinska dejstva razpršila vse opojne učinke samoprevare
this form of Socialism ended in a miserable fit of pity
ta oblika socializma se je končala z bednim napadom usmiljenja

c) German, or "True," Socialism
c) nemški ali »pravi« socializem

The Socialist and Communist literature of France originated under the pressure of a Bourgeoisie in power
Socialistična in komunistična literatura Francije je nastala pod pritiskom buržoazije na oblasti
and this literature was the expression of the struggle against this power
in ta literatura je bila izraz boja proti tej moči
it was introduced into Germany at a time when the Bourgeoisie had just begun its contest with feudal absolutism
v Nemčijo je bila uvedena v času, ko je buržoazija šele začela tekmovati s fevdalnim absolutizmom
German philosophers, would-be philosophers, and beaux esprits, eagerly seized on this literature
Nemški filozofi, bodoči filozofi in lepi duhovi so se navdušeno lotili te literature
but they forgot that the writings immigrated from France into Germany without bringing the French social conditions along
vendar so pozabili, da so se spisi priselili iz Francije v Nemčijo, ne da bi s seboj pripeljali francoske socialne razmere
In contact with German social conditions, this French literature lost all its immediate practical significance
V stiku z nemškimi družbenimi razmerami je ta francoska literatura izgubila ves svoj neposredni praktični pomen
and the Communist literature of France assumed a purely literary aspect in German academic circles
in komunistična literatura Francije je v nemških akademskih krogih prevzela čisto literarni vidik
Thus, the demands of the first French Revolution were nothing more than the demands of "Practical Reason"
Tako zahteve prve francoske revolucije niso bile nič drugega kot zahteve »praktičnega razuma«
and the utterance of the will of the revolutionary French Bourgeoisie signified in their eyes the law of pure Will
in izrek volje revolucionarne francoske buržoazije je v njihovih očeh pomenil zakon čiste volje
it signified Will as it was bound to be; of true human Will generally

pomenila je voljo, kakršna je morala biti; resnične človeške volje na splošno

The world of the German literati consisted solely in bringing the new French ideas into harmony with their ancient philosophical conscience

Svet nemških literatov je bil sestavljen izključno iz tega, da so nove francoske ideje uskladili z njihovo starodavno filozofsko vestjo

or rather, they annexed the French ideas without deserting their own philosophic point of view

ali bolje, priključili so francoske ideje, ne da bi zapustili svoje filozofsko stališče

This annexation took place in the same way in which a foreign language is appropriated, namely, by translation

Ta priključitev je bila izvedena na enak način, kot si je prisvojen tuji jezik, in sicer s prevodom

It is well known how the monks wrote silly lives of Catholic Saints over manuscripts

Znano je, kako so menihi nad rokopisi pisali neumna življenja katoliških svetnikov

the manuscripts on which the classical works of ancient heathendom had been written

rokopisi, na katerih so bila napisana klasična dela starodavnega poganstva

The German literati reversed this process with the profane French literature

Nemški literati so ta proces obrnili s profano francosko literaturo

They wrote their philosophical nonsense beneath the French original

Svoj filozofski nesmisel so napisali pod francoskim izvirnikom

For instance, beneath the French criticism of the economic functions of money, they wrote "Alienation of Humanity"

Na primer, pod francosko kritiko ekonomskih funkcij denarja so napisali "Odtujitev človeštva"

beneath the French criticism of the Bourgeoisie State they wrote "dethronement of the Category of the General"

pod francosko kritiko buržoazne države so napisali »detronizacijo kategorije generala«

The introduction of these philosophical phrases at the back of the French historical criticisms they dubbed:

Uvedba teh filozofskih fraz na zadnji strani francoske zgodovinske kritike, ki so jo poimenovali:
"Philosophy of Action," "True Socialism," "German Science of Socialism," "Philosophical Foundation of Socialism," and so on
"Filozofija delovanja", "Pravi socializem", "Nemška znanost socializma", "Filozofski temelji socializma" in tako naprej
The French Socialist and Communist literature was thus completely emasculated
Francoska socialistična in komunistična literatura je bila tako popolnoma izčrpana
in the hands of the German philosophers it ceased to express the struggle of one class with the other
v rokah nemških filozofov je prenehal izražati boj enega razreda z drugim
and so the German philosophers felt conscious of having overcome "French one-sidedness"
in tako so se nemški filozofi zavedali, da so premagali »francosko enostranskost«
it did not have to represent true requirements, rather, it represented requirements of truth
ni bilo treba, da predstavlja resnične zahteve, temveč je predstavljal zahteve resnice
there was no interest in the proletariat, rather, there was interest in Human Nature
ni bilo zanimanja za proletariat, temveč za človeško naravo
the interest was in Man in general, who belongs to no class, and has no reality
zanimanje je bilo za človeka na splošno, ki ne pripada nobenemu razredu in nima resničnosti
a man who exists only in the misty realm of philosophical fantasy
človek, ki obstaja samo v meglenem kraljestvu filozofske fantazije
but eventually this schoolboy German Socialism also lost its pedantic innocence
toda sčasoma je tudi ta šolarski nemški socializem izgubil svojo pedantno nedolžnost
the German Bourgeoisie, and especially the Prussian Bourgeoisie fought against feudal aristocracy
nemška buržoazija, zlasti pruska buržoazija, pa se je borila proti fevdalni aristokraciji.

the absolute monarchy of Germany and Prussia was also being faught against
absolutna monarhija Nemčije in Prusije je bila prav tako proti
and in turn, the literature of the liberal movement also became more earnest
in po drugi strani je tudi literatura liberalnega gibanja postala bolj resna
Germany's long wished-for opportunity for "true" Socialism was offered
Nemški dolgo želena priložnost za »pravi« socializem je bila ponujena
the opportunity of confronting the political movement with the Socialist demands
priložnost za soočenje političnega gibanja s socialističnimi zahtevami
the opportunity of hurling the traditional anathemas against liberalism
priložnost za metanje tradicionalnih prekletstev proti liberalizmu
the opportunity to attack representative government and Bourgeoisie competition
priložnost za napad na predstavniško vlado in buržoazno konkurenco
Bourgeoisie freedom of the press, Bourgeoisie legislation, Bourgeoisie liberty and equality
Buržoazna svoboda tiska, buržoazna zakonodaja, buržoazna svoboda in enakost
all of these could now be critiqued in the real world, rather than in fantasy
Vse to bi zdaj lahko kritizirali v resničnem svetu, ne pa v fantaziji
feudal aristocracy and absolute monarchy had long preached to the masses
fevdalna aristokracija in absolutna monarhija sta že dolgo pridigali množicam
"the working man has nothing to lose, and he has everything to gain"
»Delavec nima ničesar izgubiti in lahko pridobi vse«
the Bourgeoisie movement also offered a chance to confront these platitudes
buržoazno gibanje je ponudilo tudi priložnost za soočenje s temi puhlimi besedami

the French criticism presupposed the existence of modern Bourgeoisie society
francoska kritika je predpostavljala obstoj sodobne buržoazne družbe
Bourgeoisie economic conditions of existence and Bourgeoisie political constitution
Buržoazijski ekonomski pogoji obstoja in buržoazna politična ustava
the very things whose attainment was the object of the pending struggle in Germany
prav tiste stvari, katerih doseganje je bilo predmet nenešenega boja v Nemčiji
Germany's silly echo of socialism abandoned these goals just in the nick of time
Nemški neumni odmev socializma je te cilje opustil ravno ob pravem času
the absolute governments had their following of parsons, professors, country squires and officials
Absolutne vlade so imele svoje privržence župnike, profesorje, podeželske veverice in uradnike
the government of the time met the German working-class risings with floggings and bullets
takratna vlada je nemške delavske vstaje sprejela s bičanjem in naboji
for them this socialism served as a welcome scarecrow against the threatening Bourgeoisie
zanje je ta socializem služil kot dobrodošlo strašilo proti grozeči buržoaziji
and the German government was able to offer a sweet dessert after the bitter pills it handed out
nemška vlada pa je lahko ponudila sladko sladico po grenkih tabletah, ki jih je razdelila
this "True" Socialism thus served the governments as a weapon for fighting the German Bourgeoisie
ta »pravi« socializem je tako služil vladam kot orožje za boj proti nemški buržoaziji
and, at the same time, it directly represented a reactionary interest; that of the German Philistines
hkrati pa je neposredno predstavljal reakcionarni interes; Nemški Filistejci

In Germany the petty Bourgeoisie class is the real social basis of the existing state of things
V Nemčiji je razred drobne buržoazije resnična družbena osnova obstoječega stanja stvari
a relique of the sixteenth century that has constantly been cropping up under various forms
relikvija šestnajstega stoletja, ki se nenehno pojavlja v različnih oblikah
To preserve this class is to preserve the existing state of things in Germany
Ohraniti ta razred pomeni ohraniti obstoječe stanje v Nemčiji
The industrial and political supremacy of the Bourgeoisie threatens the petty Bourgeoisie with certain destruction
Industrijska in politična prevlada buržoazije grozi drobni buržoaziji z gotovim uničenjem
on the one hand, it threatens to destroy the petty Bourgeoisie through the concentration of capital
po eni strani grozi, da bo s koncentracijo kapitala uničila drobno buržoazijo
on the other hand, the Bourgeoisie threatens to destroy it through the rise of a revolutionary proletariat
po drugi strani pa buržoazija grozi, da jo bo uničila z vzponom revolucionarnega proletariata
"True" Socialism appeared to kill these two birds with one stone. It spread like an epidemic
Zdi se, da je "pravi" socializem ubil ti dve ptici z enim kamnom. Razširila se je kot epidemija
The robe of speculative cobwebs, embroidered with flowers of rhetoric, steeped in the dew of sickly sentiment
Obleka špekulativne pajčevine, vezena s cvetovi retorike, prežeta z roso bolnih čustev
this transcendental robe in which the German Socialists wrapped their sorry "eternal truths"
ta transcendentalna obleka, v katero so nemški socialisti zavili svoje žalostne »večne resnice«
all skin and bone, served to wonderfully increase the sale of their goods amongst such a public
vso kožo in kosti, ki so čudovito povečale prodajo njihovega blaga med takšno javnostjo

And on its part, German Socialism recognised, more and more, its own calling
Nemški socializem pa je vedno bolj priznaval svoj poklic
it was called to be the bombastic representative of the petty-Bourgeoisie Philistine
imenovali so ga, da je bombastični predstavnik maloburžoaznega filistejca
It proclaimed the German nation to be the model nation, and German petty Philistine the model man
Nemški narod je razglasil za vzorni narod in nemškega drobnega Filistejca za vzornega človeka
To every villainous meanness of this model man it gave a hidden, higher, Socialistic interpretation
Vsaki zlobni zlobnosti tega vzornega človeka je dala skrito, višjo, socialistično razlago
this higher, Socialistic interpretation was the exact contrary of its real character
ta višja, socialistična razlaga je bila ravno nasprotje njenega resničnega značaja
It went to the extreme length of directly opposing the "brutally destructive" tendency of Communism
Šel je do skrajnosti, da je neposredno nasprotoval "brutalno uničujoči" težnji komunizma
and it proclaimed its supreme and impartial contempt of all class struggles
in razglasil je svoj vrhovni in nepristranski prezir do vseh razrednih bojev
With very few exceptions, all the so-called Socialist and Communist publications that now (1847) circulate in Germany belong to the domain of this foul and enervating literature
Z zelo redkimi izjemami vse tako imenovane socialistične in komunistične publikacije, ki zdaj (1847) krožijo po Nemčiji, spadajo v domeno te umazane in izčrpavajoče literature

2) Conservative Socialism, or Bourgeoisie Socialism
2) konservativni socializem ali buržoazijski socializem

A part of the Bourgeoisie is desirous of redressing social grievances
Del buržoazije si želi odpraviti družbene zamere
in order to secure the continued existence of Bourgeoisie society
da bi zagotovili nadaljnji obstoj buržoazne družbe
To this section belong economists, philanthropists, humanitarians
V to poglavje spadajo ekonomisti, filantropi, človekoljubci
improvers of the condition of the working class and organisers of charity
izboljševalci položaja delavskega razreda in organizatorji dobrodelnosti
members of societies for the prevention of cruelty to animals
člani društev za preprečevanje krutosti do živali
temperance fanatics, hole-and-corner reformers of every imaginable kind
fanatiki zmernosti, reformatorji lukenj in vogalov vseh možnih vrst
This form of Socialism has, moreover, been worked out into complete systems
Poleg tega je bila ta oblika socializma razvita v popolne sisteme
We may cite Proudhon's "Philosophie de la Misère" as an example of this form
Kot primer te oblike lahko navedemo Proudhonovo "Philosophie de la Misère"
The Socialistic Bourgeoisie want all the advantages of modern social conditions
Socialistična buržoazija želi vse prednosti sodobnih družbenih razmer
but the Socialistic Bourgeoisie don't necessarily want the resulting struggles and dangers
vendar socialistična buržoazija ne želi nujno posledičnih bojev in nevarnosti
They desire the existing state of society, minus its revolutionary and disintegrating elements
Želijo si obstoječega stanja družbe, brez njenih revolucionarnih in razpadajočih elementov
in other words, they wish for a Bourgeoisie without a proletariat
z drugimi besedami, želijo buržoazijo brez proletariata

The Bourgeoisie naturally conceives the world in which it is supreme to be the best
Buržoazija si naravno dojema svet, v katerem je najvišja biti najboljša
and Bourgeoisie Socialism develops this comfortable conception into various more or less complete systems
in buržoazijski socializem razvija to udobno pojmovanje v različne bolj ali manj popolne sisteme
they would very much like the proletariat to march straightway into the social New Jerusalem
zelo bi si želeli, da bi proletariat takoj vkorakal v socialni Novi Jeruzalem
but in reality it requires the proletariat to remain within the bounds of existing society
v resnici pa zahteva, da proletariat ostane v mejah obstoječe družbe
they ask the proletariat to cast away all their hateful ideas concerning the Bourgeoisie
od proletariata zahtevajo, naj zavrže vse njihove sovražne ideje o buržoaziji
there is a second more practical, but less systematic, form of this Socialism
obstaja še druga, bolj praktična, vendar manj sistematična oblika tega socializma
this form of socialism sought to depreciate every revolutionary movement in the eyes of the working class
Ta oblika socializma je poskušala razvrednotiti vsako revolucionarno gibanje v očeh delavskega razreda
they argue no mere political reform could be of any advantage to them
trdijo, da jim nobena politična reforma ne bi mogla biti koristna
only a change in the material conditions of existence in economic relations are of benefit
koristi le sprememba materialnih pogojev obstoja v gospodarskih odnosih
like communism, this form of socialism advocates for a change in the material conditions of existence
Tako kot komunizem se tudi ta oblika socializma zavzema za spremembo materialnih pogojev obstoja
however, this form of socialism by no means suggests the abolition of the Bourgeoisie relations of production

vendar ta oblika socializma nikakor ne kaže na odpravo buržoaznih proizvodnih razmerij
the abolition of the Bourgeoisie relations of production can only be achieved through a revolution
odpravo buržoaznih proizvodnih odnosov je mogoče doseči le z revolucijo
but instead of a revolution, this form of socialism suggests administrative reforms
Toda namesto revolucije ta oblika socializma predlaga upravne reforme
and these administrative reforms would be based on the continued existence of these relations
in te upravne reforme bi temeljile na nadaljnjem obstoju teh odnosov
reforms, therefore, that in no respect affect the relations between capital and labour
reforme, ki torej v nobenem pogledu ne vplivajo na odnose med kapitalom in delom
at best, such reforms lessen the cost and simplify the administrative work of Bourgeoisie government
v najboljšem primeru takšne reforme zmanjšajo stroške in poenostavijo upravno delo buržoazne vlade
Bourgeois Socialism attains adequate expression, when, and only when, it becomes a mere figure of speech
Buržoazni socializem doseže ustrezen izraz, ko in samo takrat, ko postane zgolj govorna figura
Free trade: for the benefit of the working class
Prosta trgovina: v korist delavskega razreda
Protective duties: for the benefit of the working class
Zaščitne dolžnosti: v korist delavskega razreda
Prison Reform: for the benefit of the working class
Reforma zaporov: v korist delavskega razreda
This is the last word and the only seriously meant word of Bourgeoisie Socialism
To je zadnja beseda in edina resno mišljena beseda buržoaznega socializma
It is summed up in the phrase: the Bourgeoisie is a Bourgeoisie for the benefit of the working class
Povzeto je v stavku: buržoazija je buržoazija v korist delavskega razreda

3) Critical-Utopian Socialism and Communism
3) Kritično-utopični socializem in komunizem

We do not here refer to that literature which has always given voice to the demands of the proletariat
Tukaj se ne sklicujemo na tisto literaturo, ki je vedno dajala glas zahtevam proletariata

this has been present in every great modern revolution, such as the writings of Babeuf and others
to je bilo prisotno v vsaki veliki sodobni revoluciji, kot so spisi Babeufa in drugih

The first direct attempts of the proletariat to attain its own ends necessarily failed
Prvi neposredni poskusi proletariata, da bi dosegel svoje cilje, so nujno propadli

these attempts were made in times of universal excitement, when feudal society was being overthrown
Ti poskusi so bili narejeni v času vsesplošnega vznemirjenja, ko je bila fevdalna družba strmoglavljena

the then undeveloped state of the proletariat led to those attempts failing
Takrat nerazvito stanje proletariata je pripeljalo do neuspeha teh poskusov

and they failed due to the absence of the economic conditions for its emancipation
in propadli so zaradi odsotnosti gospodarskih pogojev za njegovo emancipacijo

conditions that had yet to be produced, and could be produced by the impending Bourgeoisie epoch alone
pogoji, ki jih je bilo treba še ustvariti in bi jih lahko ustvarila samo bližajoča se buržoazna doba

The revolutionary literature that accompanied these first movements of the proletariat had necessarily a reactionary character
Revolucionarna literatura, ki je spremljala ta prva gibanja proletariata, je imela nujno reakcionarni značaj

This literature inculcated universal asceticism and social levelling in its crudest form
Ta literatura je vcepila univerzalno askezo in družbeno izravnavo v svoji najbolj surovi obliki

The Socialist and Communist systems, properly so called, spring into existence in the early undeveloped period
Socialistični in komunistični sistemi, pravilno imenovani, so nastali v zgodnjem nerazvitem obdobju
Saint-Simon, Fourier, Owen and others, described the struggle between proletariat and Bourgeoisie (see Section 1)
Saint-Simon, Fourier, Owen in drugi so opisali boj med proletariatom in buržoazijo (glej 1. poglavje)
The founders of these systems see, indeed, the class antagonisms
Ustanovitelji teh sistemov dejansko vidijo razredne antagonizme
they also see the action of the decomposing elements, in the prevailing form of society
vidijo tudi delovanje razpadajočih elementov v prevladujoči obliki družbe
But the proletariat, as yet in its infancy, offers to them the spectacle of a class without any historical initiative
Toda proletariat, ki je še v povojih, jim ponuja spektakel razreda brez kakršne koli zgodovinske pobude
they see the spectacle of a social class without any independent political movement
vidijo spektakel družbenega razreda brez kakršnega koli neodvisnega političnega gibanja
the development of class antagonism keeps even pace with the development of industry
Razvoj razrednega antagonizma je v koraku z razvojem industrije
so the economic situation does not as yet offer to them the material conditions for the emancipation of the proletariat
tako jim gospodarske razmere še ne ponujajo materialnih pogojev za osvoboditev proletariata
They therefore search after a new social science, after new social laws, that are to create these conditions
Zato iščejo novo družboslovje, nove družbene zakone, ki naj bi ustvarili te pogoje
historical action is to yield to their personal inventive action
zgodovinsko dejanje je popustiti svojemu osebnemu inventivnemu delovanju
historically created conditions of emancipation are to yield to fantastic conditions
zgodovinsko ustvarjeni pogoji emancipacije naj bi se vdali fantastičnim pogojem

and the gradual, spontaneous class-organisation of the proletariat is to yield to the organisation of society
in postopna, spontana razredna organizacija proletariata se mora vdati organizaciji družbe
the organisation of society specially contrived by these inventors
organizacijo družbe, ki so jo posebej ustvarili ti izumitelji
Future history resolves itself, in their eyes, into the propaganda and the practical carrying out of their social plans
Prihodnja zgodovina se v njihovih očeh razreši v propagandi in praktičnem izvajanju njihovih družbenih načrtov
In the formation of their plans they are conscious of caring chiefly for the interests of the working class
Pri oblikovanju svojih načrtov se zavedajo, da skrbijo predvsem za interese delavskega razreda
Only from the point of view of being the most suffering class does the proletariat exist for them
Samo z vidika najbolj trpečega razreda proletariat obstaja zanje
The undeveloped state of the class struggle and their own surroundings inform their opinions
Nerazvito stanje razrednega boja in njihova lastna okolica oblikujeta njihova mnenja
Socialists of this kind consider themselves far superior to all class antagonisms
Socialisti te vrste se imajo za veliko boljše od vseh razrednih nasprotij
They want to improve the condition of every member of society, even that of the most favoured
Želijo izboljšati položaj vsakega člana družbe, tudi tistega najbolj privilegiranega
Hence, they habitually appeal to society at large, without distinction of class
Zato običajno nagovarjajo družbo na splošno, brez razlikovanja razreda
nay, they appeal to society at large by preference to the ruling class
ne, nagovarjajo družbo na splošno z dajanjem prednosti vladajočemu razredu
to them, all it requires is for others to understand their system
Za njih je vse, kar potrebuje, da drugi razumejo njihov sistem

because how can people fail to see that the best possible plan is for the best possible state of society?
Kajti kako lahko ljudje ne vidijo, da je najboljši možni načrt za najboljše možno stanje družbe?

Hence, they reject all political, and especially all revolutionary, action
Zato zavračajo vsa politična in še posebej vsa revolucionarna dejanja

they wish to attain their ends by peaceful means
svoje cilje želijo doseči z miroljubnimi sredstvi

they endeavour, by small experiments, which are necessarily doomed to failure
prizadevajo si z majhnimi poskusi, ki so nujno obsojeni na neuspeh

and by the force of example they try to pave the way for the new social Gospel
in z zgledom poskušajo tlakovati pot novemu družbenemu evangeliju

Such fantastic pictures of future society, painted at a time when the proletariat is still in a very undeveloped state
Takšne fantastične slike prihodnje družbe, naslikane v času, ko je proletariat še vedno v zelo nerazvitem stanju

and it still has but a fantastical conception of its own position
in še vedno ima le fantastično predstavo o svojem položaju

but their first instinctive yearnings correspond with the yearnings of the proletariat
toda njihova prva instinktivna hrepenenja ustrezajo hrepenenju proletariata

both yearn for a general reconstruction of society
oba hrepenita po splošni obnovi družbe

But these Socialist and Communist publications also contain a critical element
Toda te socialistične in komunistične publikacije vsebujejo tudi kritični element

They attack every principle of existing society
Napadajo vsa načela obstoječe družbe

Hence they are full of the most valuable materials for the enlightenment of the working class
Zato so polni najdragocenejših materialov za razsvetljenje delavskega razreda

they propose abolition of the distinction between town and country, and the family

predlagajo odpravo razlike med mestom in podeželjem ter družino
the abolition of the carrying on of industries for the account of private individuals
odprava opravljanja dejavnosti za račun posameznikov
and the abolition of the wage system and the proclamation of social harmony
in odprava plačnega sistema in razglasitev družbene harmonije
the conversion of the functions of the State into a mere superintendence of production
preoblikovanje funkcij države v zgolj nadzor nad proizvodnjo
all these proposals, point solely to the disappearance of class antagonisms
Vsi ti predlogi kažejo izključno na izginotje razrednih antagonizmov
class antagonisms were, at that time, only just cropping up
razredni antagonizmi so se takrat šele pojavljali
in these publications these class antagonisms are recognised in their earliest, indistinct and undefined forms only
V teh publikacijah so ti razredni antagonizmi prepoznani le v svojih najzgodnejših, nejasnih in neopredeljenih oblikah
These proposals, therefore, are of a purely Utopian character
Ti predlogi so torej povsem utopičnega značaja
The significance of Critical-Utopian Socialism and Communism bears an inverse relation to historical development
Pomen kritično-utopičnega socializma in komunizma je v obratnem razmerju z zgodovinskim razvojem
the modern class struggle will develop and continue to take definite shape
Sodobni razredni boj se bo razvijal in še naprej dobival dokončno obliko
this fantastic standing from the contest will lose all practical value
Ta fantastična uvrstitev na tekmovanju bo izgubila vso praktično vrednost
these fantastic attacks on class antagonisms will lose all theoretical justification
Ti fantastični napadi na razredne antagonizme bodo izgubili vso teoretično utemeljitev
the originators of these systems were, in many respects, revolutionary
Začetniki teh sistemov so bili v mnogih pogledih revolucionarni

but their disciples have, in every case, formed mere reactionary sects
toda njihovi učenci so v vsakem primeru oblikovali zgolj reakcionarne sekte

They hold tightly to the original views of their masters
Trdno se držijo prvotnih pogledov svojih gospodarjev

but these views are in opposition to the progressive historical development of the proletariat
Toda ti pogledi so v nasprotju s progresivnim zgodovinskim razvojem proletariata

They, therefore, endeavour, and that consistently, to deaden the class struggle
Zato si prizadevajo, in to dosledno, umrtviti razredni boj

and they consistently endeavour to reconcile the class antagonisms
in dosledno si prizadevajo za uskladitev razrednih nasprotij

They still dream of experimental realisation of their social Utopias
Še vedno sanjajo o eksperimentalni realizaciji svojih družbenih utopij

they still dream of founding isolated "phalansteres" and establishing "Home Colonies"
še vedno sanjajo o ustanovitvi izoliranih »falansterjev« in ustanavljanju »domačih kolonij«

they dream of setting up a "Little Icaria"—duodecimo editions of the New Jerusalem
sanjajo o ustanovitvi "Male Ikarije" – duodecimo izdaje Novega Jeruzalema

and they dream to realise all these castles in the air
in sanjajo, da bi uresničili vse te gradove v zraku

they are compelled to appeal to the feelings and purses of the bourgeois
prisiljeni so se sklicevati na občutke in denarnice buržoazije

By degrees they sink into the category of the reactionary conservative Socialists depicted above
Postopoma se potopijo v kategorijo reakcionarnih konservativnih socialistov, ki so opisani zgoraj

they differ from these only by more systematic pedantry
Od teh se razlikujejo le po bolj sistematičnem pedantizmu

and they differ by their fanatical and superstitious belief in the miraculous effects of their social science

in razlikujejo se po fanatični in vraževerni veri v čudežne učinke njihove družbene znanosti

They, therefore, violently oppose all political action on the part of the working class

Zato nasilno nasprotujejo vsakršnemu političnemu delovanju delavskega razreda

such action, according to them, can only result from blind unbelief in the new Gospel

takšno dejanje je po njihovem mnenju lahko le posledica slepe nevere v novi evangelij

The Owenites in England, and the Fourierists in France, respectively, oppose the Chartists and the "Réformistes"

Oweniti v Angliji in fourieristi v Franciji nasprotujejo chartistom in »réformistes«

Position of the Communists in Relation to the Various Existing Opposition Parties
Stališče komunistov do različnih obstoječih nasprotnih strank

Section II has made clear the relations of the Communists to the existing working-class parties
Oddelek II je razjasnil odnos komunistov do obstoječih delavskih strank
such as the Chartists in England, and the Agrarian Reformers in America
kot so chartisti v Angliji in agrarni reformatorji v Ameriki
The Communists fight for the attainment of the immediate aims
Komunisti se borijo za doseganje neposrednih ciljev
they fight for the enforcement of the momentary interests of the working class
Borijo se za uveljavljanje trenutnih interesov delavskega razreda
but in the political movement of the present, they also represent and take care of the future of that movement
Toda v političnem gibanju sedanjosti predstavljajo in skrbijo tudi za prihodnost tega gibanja
In France the Communists ally themselves with the Social-Democrats
V Franciji se komunisti povezujejo s socialdemokrati
and they position themselves against the conservative and radical Bourgeoisie
in se postavljajo proti konservativni in radikalni buržoaziji
however, they reserve the right to take up a critical position in regard to phrases and illusions traditionally handed down from the great Revolution
vendar si pridržujejo pravico, da zavzamejo kritično stališče v zvezi s frazami in iluzijami, ki so se tradicionalno prenašale iz velike revolucije
In Switzerland they support the Radicals, without losing sight of the fact that this party consists of antagonistic elements
V Švici podpirajo radikalce, ne da bi pri tem pozabili na dejstvo, da je ta stranka sestavljena iz antagonističnih elementov
partly of Democratic Socialists, in the French sense, partly of radical Bourgeoisie
deloma demokratičnih socialistov v francoskem smislu, deloma radikalne buržoazije

In Poland they support the party that insists on an agrarian revolution as the prime condition for national emancipation
Na Poljskem podpirajo stranko, ki vztraja pri agrarni revoluciji kot glavnem pogoju za nacionalno emancipacijo
that party which fomented the insurrection of Cracow in 1846
tisti stranki, ki je leta 1846 spodbudila vstajo v Krakovu
In Germany they fight with the Bourgeoisie whenever it acts in a revolutionary way
V Nemčiji se borijo z buržoazijo, kadar ta deluje na revolucionaren način
against the absolute monarchy, the feudal squirearchy, and the petty Bourgeoisie
proti absolutni monarhiji, fevdalni veverici in drobni buržoaziji
But they never cease, for a single instant, to instil into the working class one particular idea
Vendar nikoli ne prenehajo, niti za trenutek, vcepiti delavskemu razredu eno posebno idejo
the clearest possible recognition of the hostile antagonism between Bourgeoisie and proletariat
najjasnejše možno priznanje sovražnega antagonizma med buržoazijo in proletariatom
so that the German workers may straightaway use the weapons at their disposal
tako da lahko nemški delavci takoj uporabijo orožje, ki jim je na voljo
the social and political conditions that the Bourgeoisie must necessarily introduce along with its supremacy
družbene in politične razmere, ki jih mora buržoazija nujno uvesti skupaj s svojo prevlado
the fall of the reactionary classes in Germany is inevitable
padec reakcionarnih razredov v Nemčiji je neizogiben
and then the fight against the Bourgeoisie itself may immediately begin
in takrat se lahko takoj začne boj proti sami buržoaziji
The Communists turn their attention chiefly to Germany, because that country is on the eve of a Bourgeoisie revolution
Komunisti usmerjajo svojo pozornost predvsem na Nemčijo, ker je ta država na predvečer buržoazne revolucije
a revolution that is bound to be carried out under more advanced conditions of European civilisation

revolucija, ki se bo zagotovo izvedla v naprednejših pogojih evropske civilizacije
and it is bound to be carried out with a much more developed proletariat
in zagotovo se bo izvajala z veliko bolj razvitim proletariatom
a proletariat more advanced than that of England was in the seventeenth, and of France in the eighteenth century
proletariat, ki je bil naprednejši od angleškega v sedemnajstem stoletju, in Francije v osemnajstem stoletju
and because the Bourgeoisie revolution in Germany will be but the prelude to an immediately following proletarian revolution
in ker bo buržoazna revolucija v Nemčiji le uvod v proletarsko revolucijo, ki bo takoj sledila
In short, the Communists everywhere support every revolutionary movement against the existing social and political order of things
Skratka, komunisti povsod podpirajo vsako revolucionarno gibanje proti obstoječemu družbenemu in političnemu redu stvari
In all these movements they bring to the front, as the leading question in each, the property question
V vseh teh gibanjih prinašajo v ospredje, kot vodilno vprašanje v vsakem od njih, vprašanje lastnine
no matter what its degree of development is in that country at the time
ne glede na stopnjo razvoja v tej državi v tistem času
Finally, they labour everywhere for the union and agreement of the democratic parties of all countries
Končno si povsod prizadevajo za združitev in soglasje demokratičnih strank vseh držav
The Communists disdain to conceal their views and aims
Komunisti prezirajo prikrivanje svojih pogledov in ciljev
They openly declare that their ends can be attained only by the forcible overthrow of all existing social conditions
Odkrito izjavljajo, da je njihove cilje mogoče doseči le s prisilnim strmoglavljenjem vseh obstoječih družbenih razmer
Let the ruling classes tremble at a Communistic revolution
Naj vladajoči razredi tresejo pred komunistično revolucijo
The proletarians have nothing to lose but their chains
Proletarci nimajo ničesar izgubiti, razen svojih verig
They have a world to win
Imajo svet za zmago

WORKING MEN OF ALL COUNTRIES, UNITE!
DELAVCI VSEH DEŽEL, ZDRUŽITE SE!

www.ingramcontent.com/pod-product-compliance
Lightning Source LLC
Chambersburg PA
CBHW010032040426
42333CB00048B/3016